Karin Gessler

Streifzüge ins Mittelalter

Karin Gessler

Streifzüge ins Mittelalter

50 Zeitreisen in Baden-Württemberg

Silberburg-Verlag

Vorderes Vorsatzpapier:
Runder Berg bei Bad Urach

Seite 2:
Kirche Sankt Nikolaus in
Mistlau an der Jagst

Seite 3:
Beim Kloster Allerheiligen

Hinteres Vorsatzpapier:
Am Dilsberger Torturm

Karin Gessler, Jahrgang 1960, studierte Philosophie, Geschichte und Politikwissenschaft in Stuttgart und Tübingen. Seit vielen Jahren ist sie als freie Kulturjounalistin und Fotografin im Südwesten unterwegs, beschreibt das Land, die Menschen und ihre Geschichte.

1. Auflage 2008

Umschlaggestaltung:
Christoph Wöhler, Tübingen,
unter Verwendung einer
Fotografie von Karin Gessler.
Druck: Gulde-Druck, Tübingen.
Printed in Germany.

ISBN 978-3-87407-731-6

Besuchen Sie uns im Internet
und entdecken Sie die Vielfalt
unseres Verlagsprogramms:
www.silberburg.de

Inhalt

Burg und Stadt *75*

Markt und Stadt *86*

Handel und Handelswege *90*

Handwerk und Zünfte *100*

Bergbau, Silber, Salz *106*

Münsterbau *115*

Reichsstädte *126*

Frühe Residenzen *137*

Einleitung

Es waren die Humanisten des 16. Jahrhunderts, die der Zeit zwischen Antike und Neuzeit den Namen gaben. Für sie war das Mittelalter das »saeculum obscurum«, das dunkle Zeitalter, in dem die antike Kultur ihren Niedergang fand. Diese Abwertung wirkte lange nach, erst im 19. Jahrhundert wurde das Mittelalter neu entdeckt, man schätzte die gotische Baukunst, die Malerei und die Literatur dieser Epoche. Für die Menschen des Mittelalters selbst war der Bezugsrahmen die Religion, sie verstanden ihr eigenes Zeitalter als die allen früheren Epochen überlegene »aetas christiana«, die mit der Geburt Christi begonnen hatte und mit dem Jüngsten Tag enden würde. Heute ist das Mittelalter Thema von Spezialisten, rekonstruiert wird nicht nur die »große« Herrschaftsgeschichte, sondern Historiker und Archäologen fördern im Verbund mit Geophysikern, Bauforschern, Anthropologen und Botanikern in minutiöser Kleinarbeit Details aus dem Alltag der Menschen zu Tage. So entsteht das Bild einer Epoche, die uns in vielen Bereichen fremd ist, in der aber zugleich auch die Grundlagen der Moderne gelegt wurden.

Sankt Ulrich: Brunnenschale im Klosterhof

Burg Katzenstein bei Dischingen

Untergliedert wird das Mittelalter traditionell in drei Hauptphasen, das Früh-, Hoch- und Spätmittelalter. Die Übergänge sind fließend, je nachdem, welche Aspekte der Entwicklung im Vordergrund stehen. In unserem Raum lässt sich der Beginn des Frühmittelalters mit der Ankunft der Alamannen verbinden. Die frühmittelalterliche Gesellschaft war landwirtschaftlich geprägt, die Menschen lebten in weitläufigen Reihensiedlungen oder in Einzelhöfen. Kulturelle Zentren waren die Klöster, im Verbund mit Bischöfen und Adel brachten sie die Christianisierung voran. Zudem leisteten die Klöster einen wichtigen Beitrag zur Urbarmachung des Landes. Landschaft, so wie sie uns heute begegnet, wurde in wesentlichen Zügen erst im Verlauf des Mittelalters geformt. Große Waldbereiche wurden gerodet, Moore und Sümpfe trockengelegt und Ackerland geschaffen. Die Verbesserung der Anbaumethoden seit dem 9. Jahrhundert erhöhte die Erträge und legte die Grundlage für das Bevölkerungswachstum und die kulturelle Blüte des Hochmittelalters.

Im Hochmittelalter, im Zeitraum von der Mitte des 11. bis zur Mitte des 13. Jahrhunderts, entstanden die uns vertrauten Siedlungsstrukturen, entwickelten sich die Haufendörfer mit der Kirche als Mittelpunkt, von einem Etterzaun eingefasst und von einer Gewannflur umgeben. Davon unterschieden sich die aufstrebenden Städte mit eigener Rechtsform, differenzierter Gewerbe- und Sozialstruktur, Zentren des Handels, gesichert durch starke Mauern. Ein Netz von Burgen überzog nun das Land, die höfisch-ritterliche Kultur erlebte ihre Blüte. Bildung erhielt einen weitaus höheren Stellenwert, Dom- und Klosterschulen wurden gegründet, eine deutschsprachige Literatur entstand.

Krisenerfahrungen prägen das Spätmittelalter. Die Klimaverschlechterung zu Beginn des 14. Jahrhunderts, die kleine Eiszeit, führte zu Missernten und Hungersnöten, die Bevölkerungszahl nahm erstmals seit der Völkerwanderungszeit wieder ab. Dazu kam die Pest, die schlimmste Seuche des Mittelalters, die in mehreren Epidemien ab Mitte des 14. Jahrhunderts ein Drittel der Bevölkerung dahinraffte. Das Spätmittelalter war aber auch eine Zeit des enormen künstlerischen und wissen-

Stiftskirche Heidelberg: Grabmal von König Ruprecht I. und Elisabeth von Hohenzollern

Jahrmarktvergnügen im Mittelalter: »In welches Haus rennt die Maus?«

schaftlichen Aufschwungs, in den Städten wuchsen die großen gotischen Münster mit ihren Skulpturenzyklen und farbigen Fenstern empor, Handelsgesellschaften brachten Seidenstoffe, Gewürze und exotische Früchte ins Land, Universitäten wurden zu neuen Zentren des Wissens. Mit der Reformation zu Beginn des 16. Jahrhunderts endet die Epoche des Mittelalters.

Das Buch lädt zu Streifzügen in die mittelalterliche Geschichte Baden-Württembergs ein, zu den großen Münsterbauten, zu Burgen, Klöstern und in bürgerstolze Reichsstädte, in die Bergbaureviere des Schwarzwalds und in die Salzstadt Hall. Jede der 50 Zeitreisen stößt ein anderes Fenster in die Lebenswelt des Mittelalters auf. Im Anschluss an jedes Kapitel wird zudem auf Mittelalterliches in der Umgebung der Hauptziele hingewiesen, in Infokästen sind die Öffnungszeiten zusammengefasst. Informationen zu den großen Landesmuseen finden sich im Anhang. Träger der kulturellen Identität sind nach wie vor die alten Orte. Deshalb wurde im Text darauf verzichtet, die jeweilige Zugehörigkeit seit der Verwaltungsreform von 1972 zu berücksichtigen, sie ist jedoch leicht über das Register zu erschließen.

Römer – Alamannen – Franken

Von der Übergangszeit zwischen Spätantike und Mittelalter wissen wir sehr wenig. Römische Berichte sind rar, die frühen Alamannen hinterließen keine schriftlichen Quellen. Licht ins Dunkel bringt jedoch die archäologische Forschung der letzten Jahrzehnte. So bedeuteten der Rückzug Roms und die Ankunft der Alamannen zwar eine starke Zäsur, aber keineswegs einen vollständigen Bruch. Kriegerische Einfälle und Beutezüge wechselten mit Zeiten friedlicher Koexistenz, in denen es einen regen Handels- und Kulturaustausch gab. Ebenso facettenreich zeigt sich die Besiedlungsgeschichte. Die Alamannen knüpften an die römische Infrastruktur an, wie das Beispiel Ladenburg zeigt, sie schufen mit Höhensiedlungen wie dem Runden Berg bei Bad Urach aber auch einen ganz neuen Siedlungstypus. Keimzellen unserer heutigen Dorflandschaft wurden schließlich die Siedlungen der Merowingerzeit.

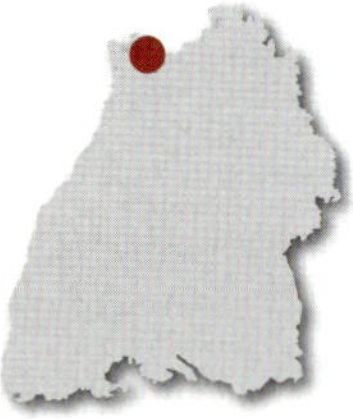

Ladenburg

Die Altstadt von Ladenburg am Neckar genießt als Ensemble Denkmalschutz, eine Fachwerkstadt mit winkeligen Gassen und vorbildlich restaurierten Bürger- und Kaufmannshäusern, die vereinzelt bis ins 13. Jahrhundert zurückreichen. Es ist ein Ort mit mittelalterlichem Charme und großer Geschichte – 1998 feierte die Stadt ihr 1900-jähriges Jubiläum. Im Jahr 98 nach Christus hatte Kaiser Marcus Ulpius Traianus das gut zwanzig Jahre zuvor an der Kreuzung zweier Fernstraßen gegründete Kastell Lopodunum samt zugehörigem Lagerdorf zum Hauptort der »civitas ulpia sueborum nicrensium« erhoben. In wenigen Jahrzehnten entwickel-

Ladenburg: Römische Ausgrabungen beim Lobdengaumuseum (links) und Galluskirche (rechts)

te sich der Ort zu einer blühenden römischen Provinzstadt, auf deren Überreste man bei einem Stadtspaziergang allenthalben stößt. So erhebt sich die Galluskirche über den Fundamenten einer römischen Marktbasilika, deren Fundamentreste neben und unter der Kirche, in der Krypta, zu sehen sind. Teile des Forums können unter dem Haus Metzgergasse 10 besichtigt werden. Im Provinznamen ist aber auch der Hinweis auf die ersten germanischen Siedler überliefert, die die Römer »suebi nicrenses«, Neckarsueben, nannten. Sie tauchen um 40 nach Christus auf und waren wohl eine von den Römern angeworbene Bauernmiliz, die – noch vor der Gründung des Kastells – die Grenze entlang des Rheins schützen sollte.

Im Jahr 260 durchbrachen dann die Alamannen den Limes und zerstörten die römische Stadt. Kaiser Valentinian I. konnte sie zwar 369 für kurze Zeit zurückerobern, doch im 5. Jahrhundert wendete sich das Blatt endgültig zu Ungunsten der Römer. Doch wie lebte es sich in diesen unruhigen Jahren in Ladenburg, vor allem, wer lebte hier? Die Tradierung des Ortsnamens vom Keltischen Lopodunon über das römische Lopodunum zum Lobedtenburg des 8. Jahrhunderts gibt einen ersten Hinweis, dass ein Teil der gallo-römischen Bevölkerung in der Stadt blieb. Alamannen hatten sich seit 260 niedergelassen, sie siedelten innerhalb des römischen Stadtgebietes in einzelnen Gehöften und

Die Strahlenburg über Schriesheim

Gehöftgruppen, aber auch im Bereich römischer Gutshöfe außerhalb der Stadt. Dazu kam die römische Besatzung des Burgus, der kleinen, 369 erbauten römischen Festung. Den engen Kontakt und kulturellen Austausch zwischen den verschiedenen Bevölkerungsgruppen belegen die vielen Funde. Man entdeckte römische und germanische Keramik in einem Haushalt, römische Münzen und ein Merkurköpfchen neben alamannischen Webgewichten. Auch der Handel florierte, wie die römische Keramik aus Rheinzabern zeigt. Im Gewann Ziegelscheuer bestand im Bereich eines ehemaligen römischen Gutshofs, villa rustica genannt, im 4./5. Jahrhundert eine alamannische bäuerliche Siedlung, in der Rinderzucht betrieben wurde. Die Tiere waren bedeutend kleiner als unsere heutigen. Interessant ist auch, dass die Alamannen das Haupthaus der villa rustica und vermutlich auch die Nebengebäude nutzten. An anderer Stelle bauten sie in Nachbarschaft der römischen Ruinen ihre traditionellen Holz-Lehm-Häuser.

Die reiche Geschichte Ladenburgs wird im Lobdengau-Museum hervorragend dargestellt. Das Gebäude ist selbst Geschichte. Nach dem Sieg der Franken über die Alamannen

496 ließ König Chlodwig noch im selben Jahr den fränkischen Königshof errichten. Der Merowinger Dagobert I. (629–639) schenkte Stadt und Gau an das Bistum Worms und der Königshof entwickelte sich zur Nebenresidenz der Wormser Bischöfe. Im Jahr 1073 wurde der kranke König Heinrich IV. in der bischöflichen »Saala« gepflegt. Sicher nahm er auch an der Heiligen Messe in der Hauskapelle der Bischöfe, der Sebastianskapelle, teil, deren älteste Teile in karolingische Zeit zurückreichen.

Im Umkreis

Hoch in den Schriesheimer Weinbergen liegt die ***Ruine Strahlenburg*** *mit ihrem markanten runden Turm und der dem Rheintal zugewandten Palasmauer.*

Info

Ladenburg, Lobdengau-Museum, Bischofshof: *Sa und So 11–17 Uhr, Mi 14–17 Uhr, Telefon (0 62 03) 7 02 70 oder 92 26 03.* ***Galluskirche:*** *April–September Mo–Sa 9–18 Uhr, So und Feiertage 11–18 Uhr. Oktober–März Mo–Sa 9–16 Uhr, So und Feiertag 11–16 Uhr. Die Krypta unter der Galluskirche, die Sebastianskapelle und die Ruinen des römischen Forums unter dem Haus Metzgergasse 10 sind nur im Rahmen von Führungen zugänglich, Telefon (0 62 03) 92 26 03.*

Runder Berg bei Bad Urach

Den schönsten Blick auf die einstige Höhensiedlung genießt man vom Camererstein. Der Runde Berg in einem Seitental der Erms war schon in der Bronzezeit ein idealer Siedlungsplatz. Seine steilen Hänge, der leicht zu überwachende schmale Grat zur Albhochfläche und die Quelle am Osthang waren auch gute Gründe für die Alamannen, sich hier im 4. Jahrhundert ein Machtzentrum aufzubauen. Ihre Herkunft verrät die elbgermanische Tracht, die sie trugen. Gefunden wurden Armbrustfibeln mit bandförmigem Bügel, lange Nadeln und Hakennadeln der Frauen sowie bronzene Halsringe, ein typisches Zubehör der Männertracht. Die weitverbreitete Bügelknopffibel, die im Südwesten entwickelt wurde, aber auch an der unteren Elbe bis hin nach Mecklenburg auftaucht, zeigt, dass die frühen Siedler weiterhin in Verbindung zur alten Heimat standen.

Die Auswertung der Funde auf dem Runden Berg ermöglichte die Unterscheidung mehrerer Siedlungsphasen. Im 4. Jahrhundert war der nordöstliche Teil des Plateaus befestigt, Holzpfosten markieren heute den Verlauf der Umfassungsmauer aus Holz und Erde. Innerhalb der Befestigung lebten in gut ausgestatteten Häusern Krieger mit ihren Familien. Römische Militärgürtel mit punzverzierter Schnalle zeigen, dass sie im römischen Heer gedient hatten. Im Zentrum stand ein Haus, das mit einem Bronzekessel aus römischer Produktion und kostbarem Glasgeschirr ausgestattet war, Webgewichte verweisen auf eine Webstube. Auch spezialisierte Handwerker lebten innerhalb der Befestigung, gefunden wurden ein Schmiedeofen, Werkzeuge, kleine Eisenbarren, Bronze und Blei. Geweih diente einem Beinschnitzer als Rohstoff, Gagat (Pechkohle), ein beliebter Schmuckstein, wurde vielleicht von Gagatschneidern bearbeitet, die aus den provinzialrömischen Gebieten zugezogen waren. Außerhalb der Befestigung und auf einer Hangterrasse lebten Menschen, die einfaches Haushandwerk ausübten und Landwirtschaft betrieben.

Zu Beginn des 5. Jahrhunderts wurde der Runde Berg zu einem alamannischen Fürstensitz ausgebaut. Hundert Jahre später verließen ihn seine Bewohner panikartig und versteckten

Der Runde Berg bei Bad Urach, im Hintergrund Burg Hohenurach

Pfostenreihen markieren die große Halle aus dem 7. Jahrhundert.

ihre Habe an den Berghängen, wo sie die Archäologen unserer Zeit wieder entdeckten. Die Funde lassen auf beträchtlichen Luxus schließen: kostbarer Schmuck, ein kleiner Silberbarren, Almandinplättchen (roter Granat) sowie hochwertiges Tischgeschirr aus Keramik und Glas, darunter mehrere Rüsselbecher und ein großer purpurfarbener Glasbecher. Bemerkenswert sind auch die ungewöhnlich kleinen Spinnwirtel, offensichtlich wurde damals extrem feines Garn für edle Stoffe gesponnen.

Erst Mitte des 7. Jahrhunderts zog wieder eine wohlhabende alamannische Adelsfamilie mit ihrem zahlreichen Gesinde auf den Berg. Repräsentativer Mittelpunkt war nun die große Halle, deren bis zu einem Meter in den Felsen geschlagene Pfostenlöcher heute durch kleine Holzpfosten gekennzeichnet sind. Das Ende erfolgte auch diesmal mit Schrecken, es wird mit dem Cannstatter Blutgericht 746 in Verbindung gebracht und bedeutete das endgültige Aus der alamannischen Herrschaft. Vermutlich gehörten auch die Leute vom Runden Berg zu den Toten von Cannstatt.

Die einst bis zu drei Meter breite Steinmauer, deren Innenschale heute noch das Plateau umgibt, stammt von einer Burganlage aus karolingisch-ottonischer Zeit mit einer Innenbebauung in Stein- und Holzbauweise. Man fand einen der ältesten Kachelöfen nördlich der Alpen und an mehreren Plätzen plane, blaugrünlich gefärbte Glasscherben, die auf kleine Fenster deuten, die in karolingischer Zeit aufgekommen waren und sonst nur in Pfalzen und bedeutenden sakralen Bauten eingesetzt wurden. An einem der Scherbenplätze stand vermutlich eine Kapelle. Gefundene Beschläge beweisen, dass auch verschließbare Truhen zum Inventar gehörten. Kostbar waren die Reticellagläser, bei denen farbige Fäden eingearbeitet waren. Interessant sind die Hufeisen, die weder die Merowinger noch die Karolinger kannten, sie kamen wohl erst in Gebrauch, als König Heinrich I. (919–936) die Panzerreiter einführte. Verlassen wurde die Burg um das Jahr 1000, ihre Nachfolgerin war vermutlich Hohenurach.

Info

Runder Berg: *Informationstafeln erleichtern die Orientierung auf dem Hochplateau, Funde werden in Stuttgart im Landesmuseum Württemberg präsentiert, ein Modell des Runden Berges ist auch im Alamannenmuseum Ellwangen zu sehen.*

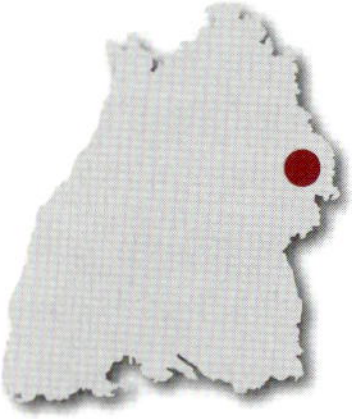

Das frühmittelalterliche Dorf Mittelhofen

Als Bauarbeiter 1986 am Ortsrand von Lauchheim am Fuß der Kapfenburg den Arm eines Goldblattkreuzes fanden, lösten sie eine der wichtigsten archäologischen Grabungskampagnen der letzten Jahrzehnte aus. Entdeckt wurde nicht nur ein alamannisches Gräberfeld – das größte in Baden-Württemberg –, sondern im Gewann Mittelhofen konnte erstmals auch die dazugehörige Siedlung ergraben werden. Das eigens für die Funde errichtete Alamannenmuseum Ellwangen ermöglicht nun, ergänzt um Funde aus ganz Süddeutschland, spannende Einblicke in die Lebenswelt eines frühmittelalterlichen Dorfes.

Von Flechtzäunen umgebene Gehöfte reihten sich entlang der Straße aneinander. Zu einem Gehöft gehörten das langgestreckte Wohnstallhaus sowie Grubenhäuser, die als Webstuben oder Kellerräume dienten, Ställe, Speicherhäuser und Werkräume. Der Getreidespeicher stand zum Schutz vor Nässe

Modell der frühmittelalterlichen Siedlung Mittelhofen

und Schädlingen auf Stelzen. Die alamannischen Bauern waren Selbstversorger, hielten Rinder, Schweine, Schafe, Hühner und Gänse und bauten in Feld-Graswirtschaft Gerste, Dinkel, Hafer, Erbsen und Linsen an. Zudem hatten sie ganz offensichtlich die römische Gartenkultur übernommen, denn zwischen den Häusern lagen eingezäunte Gärten, in denen Kirsch-, Apfel-, Pflaumen- und sogar Feigenbäume standen. Und unter sorgfältiger Pflege gediehen Gemüse- und Gewürzpflanzen wie Mangold, Kohl, Dill, Koriander, Bohnenkraut und Petersilie, die ursprünglich aus dem Mittelmeergebiet stammten.

Eine umfangreiche Gebäudegruppe am Ortsrand sticht besonders hervor, es ist der von einer adeligen Familie bewohnte Herrenhof. Auffallend sind die vielen Getreidespeicher, in denen wohl Produktionsüberschüsse gelagert wurden. Dagegen fehlen Grubenhäuser – mit Schafhaltung und Weberei hatte man sich im Herrenhof nicht beschäftigt. Ein eigener Familienfriedhof wurde um 700 am Hofzaun angelegt. Besonders wertvoll ist das Grab eines etwa 35-jährigen Mannes, der im Frühjahr 704 in einer Grabkammer aus Eiche bestattet wurde. Aufgebahrt war er in einem reich mit Zirkelornamentik geschmückten Totenbett, in dem er vielleicht schon zu Lebzeiten geschlafen hatte. Neben dem Trossinger Fund von 2001 ist es das einzige erhaltene alamannische Totenbett.

Rekonstruiert: Einrichtung eines alamannischen Wohnhauses

Im Umkreis

Die ehemalige Benediktinerklosterkirche Sankt Vitus in ***Ellwangen*** *gilt als bedeutendster romanischer Gewölbebau Schwabens, trotz Barockisierung blieb der Raumeindruck gewahrt. Wertvollstes Stück der an Ausstattung reichen Stadtkirche Sankt Blasius in* ***Bopfingen*** *ist der Hochaltar Friedrich Herlins von 1472. Die* ***Stauferburg Katzenstein*** *zwischen Dischingen und Neresheim ist seit 2006 wieder zugänglich, ein Kleinod die Fresken um 1250/1280 in der Burgkapelle. Der Festigung karolingischer Herrschaft in Alamannien diente die Kirche Sankt Dionysius in* ***Herbrechtingen****, die Abt Fulrad von Saint-Denis 750 bis 784 anstelle einer älteren Veranuskirche erbauen ließ. In der spätgotischen Kirche ist aus der Zeit um 1100 ein romanisches Fenster und ein gemaltes Mäanderband erhalten. Sankt Gallus in* ***Brenz an der Brenz,*** *eine der ersten Kirchengründungen Süddeutschlands, zeigt nach Rücknahme barocker Überformungen wieder ihre spätromanische Schönheit.*

Info

Ellwangen, Alamannenmuseum,
Haller Straße 9: Di–Fr 10–12.30 Uhr und 14–17 Uhr, Sa, So und Feiertage 10–17 Uhr.
Katzenstein, Burg Katzenstein: *Di–So 10–18 Uhr, Führungen um 11, 14, 15 und 16 Uhr. Bewirtschaftung, umfangreiches Veranstaltungsprogramm, Telefon (0 73 26) 91 96 56.*

Bischofssitze

Die Taufe des Frankenkönigs Chlodwig nach der Schlacht bei Zülpich im Jahr 498 hatte zunächst noch keine unmittelbaren Auswirkungen auf den Glauben der besiegten Alamannen. Erst Ende des 6. Jahrhunderts finden sich christliche Zeugnisse in größerer Zahl, vor allem in Adelsgräbern. Adelige waren es auch, die den Bau von Kirchen auf ihrem Grund und Boden, so genannten Eigenkirchen, vorantrieben. Eine neue Dynamik erhielt die Christianisierung durch die Gründung von Klöstern und Bistümern. In der ersten Hälfte des 7. Jahrhunderts wurde durch die Initiative des Merowingerkönigs Dagobert I. und wohl unter Mitwirkung des alamannischen Herzogs Gunzo das Bistum Konstanz gegründet, das im Wesentlichen das alamannische Herzogsgebiet umfasste. Teile des heutigen Baden-Württemberg gehörten früher zu den Bistümern Speyer, Worms, Würzburg, Augsburg und Straßburg.

Konstanz

Der Ort für den neuen Bischofssitz war klug gewählt. Konstanz lag an einer bedeutenden Fernhandelsstraße und war zudem über den Bodensee gut zu erreichen. Auf der höchsten Erhebung, anstelle des kleinen römischen Kastells Constantia, dessen Erdwälle wohl zumindest teilweise noch erhalten waren, errichtete man die Bischofskirche. Quellen berichten, dass der Münsterhügel schon im 7. und 8. Jahrhundert befestigt war und dass vor den Mauern bereits die Kirche Sankt Stephan stand. Wichtige Entwicklungsimpulse gab Bischof Salomon I. (838–871), nach neuester Forschung war er es, der die Reliquie des heiligen Pelagius von Rom nach Konstanz überführen ließ. Als zweiter Patron der Müns-

Konstanz: Das Kaufhaus am Hafen, das so genannte Konzilsgebäude

terkirche neben der Gottesmutter Maria zog der Märtyrer Pilger aus nah und fern an. Den eigentlichen Ausbau von Konstanz zur Bischofsstadt leitete schließlich Salomon III. (890–919) ein. Als Notar Karls des Dicken, Kaplan König Arnulfs und zuletzt als Kanzler von Ludwig dem Kind und König Konrad I. hatte er gute Kontakte zum karolingischen Herrscherhaus. Er war wohl Bauherr der Bischofspfalz, in der Könige und Kaiser Station machten, und er förderte die wirtschaftliche Entwicklung der Stadt. In seiner Zeit wurden die ersten Münzen in Konstanz geprägt und vermutlich bestand schon der Nah- und Fernhandelsmarkt bei der Stephanskirche.

Doch selbst, als der Welfe Konrad I. 934 Bischof wurde, war Konstanz, nach heutigen Maßstäben gemessen, immer noch ein Dorf. Schätzungen gehen von etwa 1000 Einwohnern aus, die in der Niederburg und in der Kaufleute- und Handwerkersiedlung am Hafen in einfachen Holzhäusern wohnten. Umso erstaunlicher ist das Kirchenbauprogramm der später heilig gesprochenen Bischöfe Konrad und Gebhard. Konstanz sollte »roma secunda«, das zweite Rom, werden. Mit dem Bau der Mauritiusrotunde schuf Konrad ein Abbild der Grabeskirche in Jerusalem. Die Kirchen Sankt Johannes, Sankt Paul, Sankt Lorenz und die unter Gebhard (979–995) gegründete Benediktinerabtei Petershausen auf der anderen Rheinseite ahmten zusammen mit der Bischofskirche Sankt Marien die Sakrallandschaft Roms nach. Es sind die Patrozinien der fünf großen Patriarchalkirchen: San Paolo fuori le mura, San Lorenzo fuori le mura, San Giovanni in Laterano, Santa Maria Maggiore und San Pietro in Vaticano. So ließ sich die römische Passions- und Osterliturgie mit ihren Prozessionen und Stationsgottesdiensten auch in Konstanz feiern.

Die bürgerliche Stadt, die sich aus der frühmittelalterlichen Kaufleutesiedlung entwickelte, gewann seit dem 12. Jahrhundert an Unabhängigkeit, erlangte die Befreiung von bischöflichen Steuern und schließlich die Reichsfreiheit. Der Fernhandel mit Leinwand, Wein, Pelzen und Gewürzen hatte sie wohlhabend gemacht. Bis heute prägen die anspruchsvollen Patrizier-, Zunft- und Handelshäuser die Altstadt. Das Zunfthaus der Metzger beherbergt das Rosgartenmuseum mit seiner bedeutenden Mittelaltersammlung. Das Kaufhaus am Hafen, das so genannte Konzilsgebäude, wurde 1388 als Korn- und Lagerhaus gebaut, zeitweilig diente es auch als Sitz der Leinwandmesse. Während des Konstanzer Konzils (1414–1418) wählte hier das Konklave Martin V. zum Papst, die Vollversammlung der Bischöfe tagte im Münster.

Gut im Stadtbild zu erkennen ist auch immer noch der alte Prozessionsweg entlang der Hussen- und der Wessenbergstraße sowie der Rheingasse; die Kirchen Konrads und Gebhards sind dagegen längst profaniert. So fand im Kloster Petershausen das Archäologische Landesmuseum sein Domizil. In einem eigenen Anbau wird die 1981 am Strand von Immenstaad geborgene Lädine gezeigt, ein mittelalterliches Lastsegelschiff. Die Mauri-

Goldscheiben in der Krypta des Konstanzer Münsters

Das Heilige Grab in der Mauritiusrotunde: Geburt Christi

tiusrotunde wurde um 1300 umfassend erneuert und durch einen Kreuzgang mit dem Münster verbunden. Auch das Heilige Grab im Innern der Rotunde wurde um 1270/1280 im Stil der französischen Gotik neu gestaltet. Einzigartig sind die Konstanzer Goldscheiben, vier feuervergoldete Kupferblechmedaillons. Fast zwei Meter im Durchmesser misst die größte, die um 1000 entstandene Majestas-Scheibe. Die kleineren Scheiben zeigen die Münsterpatrone Konrad und Pelagius sowie einen Adler, das Symbol des Evangelisten Johannes. Ob sie ursprünglich – im Sonnenlicht glänzend – den Ostgiebel des Münsters schmückten oder am Hauptaltar angebracht waren, lässt sich wohl nicht mehr entscheiden. Heute sind sie im ältesten Teil des Münsters, der Krypta, zu sehen.

Info

Konstanz, Rosgartenmuseum, *Rosgartenstraße 3–5: Di–Fr 10–18 Uhr, Sa und So 10–17 Uhr, Telefon (0 75 31) 90 02 46. Sehr empfehlenswert sind die von der Touristinformation angebotenen historischen Stadtführungen, Telefon (0 75 31) 13 30 30.*

Klöster und Kultur

Die Rolle der Klöster im Werden der abendländischen Kultur ist kaum zu überschätzen. Sie waren Träger der Christianisierung, Orte der Stille und des Gebets, Zentren der Schriftlichkeit in einer noch über Jahrhunderte schriftlosen Umwelt. Ihre Äbte übernahmen wichtige Aufgaben in der jungen Reichsverwaltung und wirkten als Diplomaten im Dienst von Königen und Kaisern. In den klösterlichen Schreibstuben kopierten unzählige Mönche nicht nur die christliche Literatur, sondern auch philosophische, medizinische und historische Werke der Antike und bewahrten sie vor dem Vergessen. In den Klosterschulen wurde die politische Elite ausgebildet und nicht zuletzt leisteten die Klöster einen wichtigen Beitrag zur Urbarmachung des Landes.

Reichenau

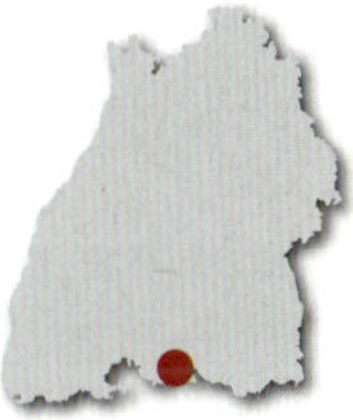

Im Jahr 724 kam der iro-fränkische Wanderbischof Pirmin auf die damals unbewohnte Insel im Bodensee, um mit Unterstützung Karl Martells ein Kloster zu gründen. So berichten alte Chroniken. Bei Ausgrabungen in Mittelzell fand man tatsächlich Reste dieses noch aus Holz erbauten Urklosters, Pfosten konnten dendrochronologisch um das Jahr 722 datiert werden. Pirmin verließ die Insel schon drei Jahre später, doch er hatte die Grundlagen für eines der bedeutendsten Klöster des Mittelalters geschaffen. Spätere Generationen gaben der Klosterinsel den überschwänglichen Namen Reichenau, die reiche Au.

Die Mönche lebten nach der Regel Benedikts von Nursia. Um das Jahr 529 hatte Benedikt das Kloster Montecassino gegründet und für die neue Mönchsgemeinschaft eine Hand-

Münster Sankt Maria und Sankt Markus in Mittelzell, im Vordergrund der Klostergarten

reichung formuliert, die das Leben im Kloster regeln sollte. Sie wurde zur Grundlage des abendländischen Mönchtums. Die Regel fordert strenge Disziplin, lässt aber auch Raum für den persönlichen religiösen Weg. Gebet und Arbeit sind die Säulen benediktinischer Spiritualität. Die Mönche verpflichten sich zudem zur stabilitas, dem Verbleib in ihrem Heimatkloster, zu erkennen sind sie an ihrer schwarzen Tracht.

Bedeutende Äbte leiteten die Geschicke des Klosters. Abt Hatto I. (806–823) reiste im Auftrag Karls des Großen nach Byzanz, um die Anerkennung des fränkischen Kaisertitels durch Ostrom zu erreichen. Auf der Reichenau förderte er die schon von seinem Vorgänger gegründete Klosterschule und die Bibliothek. In einer zeitgenössischen Quelle heißt es, er sei »weise im Rat und der Weisheit voll wie eine Bücherkiste« gewesen. Abt Walahfrid Strabo (842–849), an der Klosterschule ausgebildet, gehörte zu den größten Gelehrten des Mittelalters, er war Erzieher des jungen Karl, den man später den Kahlen nannte, und er hinterließ mit dem Gedicht »Hortulus« die erste Pflanzenkunde Deutschlands. Unter Abt Witigowo (985–997) erblühte die Buchmalerei, die Prachthandschriften waren Exportschlager, die Reichenau zählte bis weit ins 11. Jahrhundert zu den führenden Skriptorien Europas. Ein Grafensohn aus Altshausen, Hermann der Lahme, zog mit seiner Intelligenz noch einmal alle Register. Er war Theologe, Mathematiker, Astronom, Geschichtsschreiber, Dichter und Musiker. Als er 1054 starb, war die Hochblüte der Abtei bereits überschritten. Die Reichenau wurde zunehmend zum Versorgungskloster für überzählige Grafensöhne, die sich nicht scheuten, Klosterbesitz zu entfremden. Eine Reform wie anderswo gelang nicht.

Anstelle der ersten Holzkirche erhebt sich heute das Münster Sankt Maria und Markus in Mittelzell. Von der 816 errichteten Abteikirche sind Vierung und östliches Querhaus erhalten. Der Grundriss der gesamten damaligen Klosteranlage ist durch Grabungen erschlossen und ähnelt dem auf der Reichenau gezeichneten St. Galler Klosterplan, dem einzigen erhaltenen Architekturplan des frühen Mittelalters. Die übrigen Bauteile des Münsters stammen aus dem 10. bis 15. Jahrhundert. Eindrucksvoll ist der offene normannische Dachstuhl, der wie ein umgekehrter Schiffsrumpf das Langhaus überwölbt. In der Sakristei, der Schatzkammer des Klosters, sind wertvolle Reliquiare und liturgische Geräte ausgestellt.

Wer die Insel über die Pappelallee erreicht, wird von der Kirche Sankt Georg in Oberzell begrüßt. Ihre einzigartige kunsthistorische Bedeutung gewinnt sie durch den um 1000 entstandenen Freskenzyklus, den frühesten dieser Art nördlich der Alpen. Erbaut wurde die Kirche unter Hatto III. (888–913, seit 891 auch Erzbischof von Mainz). Als Kanzler hatte er König Arnulf

Stiftskirche Sankt Georg in Oberzell: Auferweckung des Lazarus

Stiftskirche Sankt Peter und Paul in Niederzell. Rechts: Kapelle Sankt Nikolaus in Obergailingen

zur Kaiserkrönung nach Rom begleitet und von dieser Reise eine wertvolle Georgsreliquie mitgebracht. Zu ihrer Verehrung ließ er die Krypta unter dem Hochaltar anlegen.

Die Basilika in Niederzell hatte eine Vorgängerin, die 799 Bischof Egino von Verona bauen ließ, ein Verwandter Königin Hildegards, der Gemahlin Karls des Großen. Der heutige Bau aus dem 12. Jahrhundert erhielt 1756/57 eine Rokoko-Stuckdecke. Die romanischen Wandmalereien in der Apsis, die Christus in der Mandorla zeigen, sind zwischen 1104 und 1126 entstanden.

Im Jahr 2000 wurde die Reichenau von der UNESCO zum Weltkulturerbe erhoben. Im Alten Rathaus und in drei neuen Museumspavillons wird in Rekonstruktionen das gezeigt, was auf der Insel heute nicht mehr zu sehen ist.

Im Umkreis

Zu den ältesten Sakralbauten am Bodensee gehört die Pfarr- und Wallfahrtskirche Sankt Maria und Genesius in ***Schienen,*** *ihre Anfänge reichen bis in karolingische Zeit, die Hauptbauzeit fällt ins 11. Jahrhundert. Beim ehemaligen Kehlhof in* ***Obergailingen*** *steht hoch über dem Rhein die mehr als 800 Jahre alte Kapelle Sankt Nikolaus. Man erreicht sie, wenn man direkt vor der Rheinbrücke nach Diessenhofen (Schweiz) nach links fährt. Die Bergkirche Sankt Michael in* ***Büsingen am Hochrhein*** *wurde um 1095 errichtet.*

Info

Insel Reichenau, alle vier Museumsgebäude:
April–Juni und September–Oktober Di–So 10.30–16.30 Uhr, Juli–August Di–So 10.30–17.30 Uhr, November–März Sa, So, Feiertag 14–17 Uhr.

Hirsau

Im Jahr 1059 ließ Graf Adalbert von Calw im abgelegenen Nagoldtal das wohl schon aus karolingischer Zeit stammende, aber verlassene Aureliuskloster in Hirsau neu errichten. Schon wenige Jahre später waren die Räume für den schnell wachsenden Konvent zu klein geworden und Abt Wilhelm ließ auf einem Plateau am anderen Nagoldufer in neunjähriger Bauzeit ein neues Kloster bauen. Einst eine der größten Klosteranlagen Deutschlands wurde Sankt Peter und Paul im Pfälzischen Erbfolgekrieg von den Truppen Mélacs in Brand gesetzt und später als Steinbruch genutzt. Aber selbst die Ruinen sind noch eindrucksvoll. Wer die Klosteranlage vom Eingangstor im Süden aus abschreitet, an den ehemaligen Wirtschaftsgebäuden und den schönen Maßwerkfenstern des spätgotischen Kreuzgangs vorbei und dann den Umfassungsmauern

Kloster Hirsau: Blick vom Kreuzgang zur Marienkirche

Sankt Aurelius in Hirsau. Rechts: Schleglerschloss in Heimsheim

der Abteikirche vom Eulenturm mit seinem wertvollen Figurenfries bis zum Chorabschluss folgt, bekommt ein gutes Gespür für ihre gewaltige Ausdehnung. Das herzogliche Jagdschloss, heute eine romantische Ruine, wurde erst nach der Aufhebung des Klosters in den Jahren 1589 bis 1593 erbaut.

Unter Abt Wilhelm entwickelte sich das Kloster zum Zentrum der »Hirsauer Reform«, einer von den Klöstern Cluny und Gorze beeinflussten Erneuerungsbewegung, und zur süddeutschen Speerspitze der päpstlichen Partei im Investiturstreit. Für das Kloster Hirsau selbst erreichte Wilhelm das Ende der Eigenkirchenherrschaft der Calwer Grafen. Die Mönche durften künftig ihren Abt frei wählen, die Calwer Grafen hatten sich als Vögte nicht mehr in die geistlichen Angelegenheiten des Klosters einzumischen. Zudem behielt sich das Kloster das Recht vor, den Klostervogt im Falle der Unfähigkeit abzusetzen.

Auch um Heilkunde bemühte man sich in Hirsau, sehenswert ist der kleine Klostergarten, der 1996 nach dem Vorbild des St. Galler Klosterplans auf dem Gelände des ehemaligen Kreuzgangs von Sankt Aurelius angelegt wurde. Die Pflanzenauswahl folgt dem Gartenbuch »Hortulus« des Reichenauer Abts Walahfrid Strabo sowie den Aufzeichnungen Hildegards von Bingen, die im Übrigen im Briefkontakt mit Kloster Hirsau stand. Vom Aureliuskloster selbst ist nur das Kirchenschiff erhalten, das benachbarte Klostermuseum informiert über die Geschichte Hirsaus.

Im Umkreis

Dem heiligen Nikolaus zu Ehren, dem Schutzpatron der Schiffer, Flößer und Händler, wurde um 1400 die gotische Kapelle auf der Nagoldbrücke in ***Calw*** *errichtet. Zur selben Zeit entstanden die Wandmalereien in der Martinskirche in* ***Altburg****. Aus dem 11. Jahrhundert stammt das Candidus-Kirchlein in* ***Kentheim****. Die Pfarrkirche Sankt Maria Magdalena in* ***Tiefenbronn*** *birgt nicht nur den kostbaren Magdalenen-Altar, das einzige erhaltene Werk Lucas Mosers aus Weil der Stadt, sondern auch wertvolle Wandmalereien aus der Zeit um 1400. Vollkommen erhalten ist das Schlegler-Schloss in* ***Heimsheim,*** *ein spätmittelalterliches, fünfgeschossiges Steinhaus. Im dritten Obergeschoss ziert ein gotischer Erker die Fassade.*

Info

Kloster Hirsau, Aureliuskirche: *Mo–So 10–17 Uhr, Telefon (0 70 51) 96 88 10.* ***Klostermuseum:*** *April–Oktober, Di–So 14–17 Uhr, Telefon (0 70 51) 5 90 15 oder 16 72 60.*
Tiefenbronn, Sankt Maria Magdalena: *Ostern–Ende Oktober Di–So 13.30–16.30 Uhr, ab November Sa und So 14–15.30 Uhr, Telefon (0 72 34) 95 00 12.*

Alpirsbach

Wie Kloster Hirsau ausgesehen haben könnte, lässt sich im Kloster Alpirsbach erleben. Die mächtige Anlage aus rotem Sandstein dominiert bis heute das Stadtbild. Alpirsbach gehört zur Gruppe der Reformklöster nach Hirsauer Vorbild. Die Grafen Alwig von Sulz, Adalbert von Zollern und der Edelfreie Ruotmann von Neckarhausen stifteten 1095 den zur Gründung erforderlichen Besitz. Der erste Abt kam aus dem Reformkloster Sankt Blasien und konnte gleich zu Anfang die freie Abts- und Vogtswahl durchsetzen.

Das Streben nach Erneuerung der alten Mönchsideale, nach Einfachheit und Klarheit, spiegelt sich in der Architektur

Kloster Alpirsbach dominiert bis heute das Stadtbild. Rechts: Portal der Klosterkirche

wieder. Man betritt die Klosterkirche durch die Vorhalle, das Portal ist die erste kunsthistorische Kostbarkeit. Das Tympanon aus dem 12. Jahrhundert zeigt Christus in der Mandorla, getragen von zwei Engeln. Die Türflügel wurden mit (erneuertem) weißem Schweinsleder bezogen, die Beschläge und die Löwenkopf-Türzieher sind original. Die umlaufende Inschrift am Portal hat tiefe Bedeutung: »Ich bin die Tür, spricht der Herr. Wer durch mich eingeht, wird errettet werden.« Der Innenraum der Kirche wirkt durch seine große Höhe erhaben und feierlich. Mächtige Säulen mit Würfelkapitellen tragen das Mittelschiff, über den Arkaden läuft ein Schmuckband aus roten und gelben Sandsteinziegeln in Zickzackform.

Im Kontrast zur großartigen Architektur steht die weitere Entwicklung des Klosters, dem Reformeifer der Gründungszeit war kein Erfolg beschieden. Die meisten Mönche kamen aus dem niederen Adel und pflegten ihre gewohnte Lebensweise. Die Situation im 15. Jahrhundert beschreibt Froben Christoph in der Zimmerschen Chronik. Alpirsbach sei »schier ein weltlichs closter, darin die grafen, Herren und vom adel sich begeben«. Auch hätten sie sich mit »jagen und allerhand waidwerk geübt«. Den Klosterbesitz hatten die Mönche kurzerhand unter sich aufgeteilt, eine vernünftige Verwaltung

war nicht mehr möglich. 1451 wusste man sich nicht mehr anders zu helfen, als den Konvent ganz aufzulösen. Ein Neuanfang gelang schließlich mit Wiblinger Hilfe, das Kloster nahe Ulm schickte sechs Mönche nach Alpirsbach, darunter auch die späteren Äbte Georg Schwarz und Hieronymus Hulzing. Sie bewirkten die Aufnahme in die Bursfelder Kongregation, einen reformorientierten Zusammenschluss benediktinischer Klöster, und leiteten die Alpirsbacher Mönchsgemeinschaft wieder in ruhiges Fahrwasser. Nun konnte die Erneuerung des Klausurbereichs in Angriff genommen werden. Der Kreuzgang wurde mit einem reich geschmückten Netzgewölbe und aufwändigen Maßwerkfenstern ausgestattet, das Dormitorium, der große Schlafsaal, in Einzelzellen aufgeteilt.

Im Umkreis

Das »Freudenstädter Lesepult« (um 1150), eines der bedeutendsten romanischen Kunstwerke im Südwesten, ist in der Stadtkirche in ***Freudenstadt*** *zu bewundern, seine Herkunft aus Alpirsbach wird mittlerweile bezweifelt. Romanische Einfachheit und Strenge atmet die ehemalige Klosterkirche Sankt Gregor in* ***Klosterreichenbach****. Im reizvoll über dem Murgtal gelegenen Dorf* ***Heselbach*** *steht der »Klumpsche Hof« von 1470, eines der ältesten Bauernhäuser im Nordschwarzwald. Die Mönchhof-Sägemühle in* ***Vesperweiler im Waldachtal*** *nutzt seit 1435 die Wasserkraft der Waldach, an jedem Donnerstag wird sie zum urigen Gasthaus. Malerisch staffelt sich* ***Altensteig*** *von der Burg*

Pfahljochbrücke bei Neckarhausen

aus den steilen Hang hinunter. Das Bild eines mittelalterlichen Burgstädtchens bietet ***Berneck*** *mit seiner 40 Meter hohen Schildmauer aus Buckelquadern. Die Remigiuskirche in* ***Nagold*** *steht auf römischen und karolingischen Bauresten. Die gotischen Wandmalereien sind in den Jahren 1320/25 entstanden. Die Wallfahrtskirche zur Schmerzhaften Muttergottes in* ***Bildechingen*** *bei Horb birgt eine Pietà aus Alabaster (um 1400). An der B 14 zwischen* ***Neckarhausen*** *und* ***Fischingen*** *führt eine urtümliche Pfahljochbrücke über den Neckar, deren älteste Hölzer 1257 geschlagen wurden (ab Abzweig Glatt ausgeschildert).*

Info

Kloster Alpirsbach, Kirche, Kreuzgang, Kapitelsaal, Museum: *15. März–5. April Mo–Sa 11–16 Uhr, So und Feiertage 12–16 Uhr, 6. April–1. November Mo–Sa 10–17.30 Uhr, So und Feiertage 11–17.30 Uhr, 2. November–14. März Do, Sa und So 13.30–15.30 Uhr. Dormitorium nur mit Führung.*

Blaubeuren

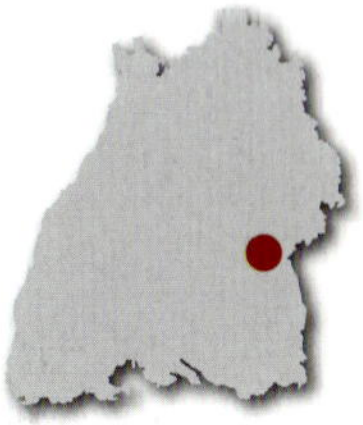

Malerisch am Blautopf liegt das Benediktinerkloster Blaubeuren. Seine Stifter waren 1085 die beiden Tübinger Grafen Anselm und Hugo sowie ihr Bruder Sigiboto von Ruck, die die geistige Leitung Abt Wilhelm von Hirsau übertrugen. Nach einer Zeit des wirtschaftlichen Niedergangs im 14. Jahrhundert kam das Kloster 1447 unter württembergische Schirmherrschaft. Die geglückte Konsolidierung belegt eindrucksvoll der Neubau der kompletten Klosteranlage in wenigen Jahrzehnten. Wie in Alpirsbach und Maulbronn wurde auch in Blaubeuren nach der Reformation 1556 eine Klosterschule eingerichtet, wodurch die Gesamtanlage einschließlich der zahlreichen Wirtschaftsgebäude erhalten blieb.

Ungewöhnlich ist der Grundriss der Kirche: Der mächtige Turm trennt den Mönchschor vom Laienschiff. Der harmonische Chorraum mit seiner einheitlichen Ausstattung gilt als eines der schönsten Denkmale der Spätgotik. Vorbild war der kurz zuvor fertiggestellte Chor des Ulmer Münsters, die besten Ulmer

Kloster Blaubeuren mit dem Badhaus der Mönche. Links: Hochaltar in der Klosterkirche

Meister wirkten auch in Blaubeuren. Jörg Syrlin d. J. schnitzte das Chorgestühl, der Hochaltar ist ein Gemeinschaftswerk der Ulmer Schule: Der Schrein wurde wahrscheinlich ebenfalls von Jörg Syrlin gearbeitet, den Figurenschmuck schufen Michael und Gregor Erhart, die Tafelmalereien stammen von Hanns Schüchlin, seinem Schwiegersohn Bartholomäus Zeitblom und dem Memminger Bernhard Strigel.

Dass man im Kloster durchaus Sinn für »Wellness« hatte, dokumentiert das Badhaus der Mönche. Die Baderäume befanden sich im Erdgeschoss, darüber lagen die mit Jagdszenen geschmückten Räume für Klostergäste. Heute ist im Badhaus das Heimatmuseum untergebracht.

Die meisten der Mönche kamen im Spätmittelalter aus der unmittelbaren Umgebung des Klosters, viele aus der Stadt Blaubeuren selbst. Auch die Stadt konnte sich ihr mittelalterliches Aussehen bewahren. Markante Fachwerkhäuser wie der »Hohe Wil«, ein Gerberhaus in der Aachgasse, das »Große Haus« mit seinem schönen gotischen Fenstererker oder das Haus Klostergasse 7, eines der ältesten der Stadt, lohnen einen Stadtspaziergang.

Das Heilig-Geist-Spital in Ehingen an der Donau

Im Umkreis

Im Blausteiner Ortsteil ***Lautern*** *im malerischen kleinen Lautertal sind in der Kirche ein Flügelaltar der Ulmer Schule und spätgotische Fresken zu sehen. Die Friedhofskapelle Sankt Afra in* ***Schelklingen*** *birgt einen Bilderzyklus aus dem frühen 14. Jahrhundert mit seltenen Motiven. Das Heilig-Geist-Spital in* ***Ehingen*** *wurde 1340 gegründet, im spätmittelalterlichen Pfründnerhaus ist heute das Stadtmuseum eingerichtet. Aus dem Multscher-Umkreis stammt das Gnadenbild in der Liebfrauenkirche, eine überlebensgroße steinerne Muttergottes (um 1440/50). Der in das Jahr 1483 datierte Flügelaltar in der Friedhofskapelle Sankt Leonhard in* ***Rißtissen*** *ist das einzige signierte Werk des Ulmer Malers Jacob Acker. Eine reiche Ausstattung besitzt Sankt Martin in* ***Oberstadion****. Die Tafelbilder und Holzschnitzwerke stammen aus Ulmer Werkstätten und wurden in der zweiten Hälfte des 15. Jahrhunderts von namhaften Künstlern geschaffen.*

Info

Kloster Blaubeuren, Chor der Kirche mit Hochaltar:
Palmsonntag–Allerheiligen 9–18 Uhr, Januar–Februar Sa und So 11–16 Uhr, März–Palmsonntag Mo–Fr 14–16 Uhr, Sa und So 11–16 Uhr, November–Dezember Mo–Fr 14–16 Uhr, Sa und

So 11–16 Uhr, Telefon (0 73 44) 96 26 25. ***Heimatmuseum im Badhaus:*** *April–Oktober, Di–Fr 10–16 Uhr, Sa und So 10–17 Uhr, Telefon (0 73 44) 92 10 26.*
Ehingen (Donau), Stadtmuseum im Heilig-Geist-Spital*, Am Viehmarkt: Mi 10–12 Uhr und 14–18 Uhr, So 10–17 Uhr, Telefon (0 73 91) 50 35 31.*

Maulbronn

Eine neue, mächtige Reformwelle kündigte sich 1098 an, als sich in Frankreich eine kleine Gruppe von Benediktinermönchen unter Leitung Roberts von Molesme in die unwirtliche Einsamkeit von Cîteaux zurückzog, um hier ein streng asketisches Leben nach der Regel des heiligen Benedikt zu führen – die Benediktinerabtei Molesme war ihnen zu reich geworden, das Leben dort allzu bequem. Zu ihnen stieß 1112 der charismatische junge burgundische Adelige Bernhard, der schon drei Jahre später das Kloster Clairvaux gründete und zum eigentlichen Wegbereiter des neuen Ordens der Zisterzienser wurde.

Gebet und körperliche Arbeit, Verzicht auf jeden Luxus, Beschränkung auf das Notwendige – dies sind die Kernpunkte

Kloster Maulbronn: Klosterkirche und Wirtschaftshof

der Zisterzienserregel. Sie spiegelt sich wider im einfachen weißen Ordenshabit mit dem schwarzen Skapulier (Überwurf), der Bescheidenheit beim Essen, der Rückkehr zu einer schlichten Liturgie, dem Verzicht auf jeden Schmuck in den Kirchenbauten und dem Gebot der Handarbeit. Die frühen Zisterzienser lehnten es ab, von Abgaben und Zinseinnahmen zu leben. Stattdessen sollten alle Klostergüter durch Mönche und Laienbrüder selbst bewirtschaftet werden. Die Laienbrüder (Konversen) lebten mit im Kloster, folgten denselben asketischen Idealen, hatten aber eigene Speise- und Schlafsäle sowie einen eigenen abgetrennten Bereich in der Kirche.

Die Lebensform der Zisterzienser traf den Nerv der Zeit, die rasante Ausbreitung ihrer Klöster ist nahezu beispiellos. Südwestdeutschland erreichte die neue Bewegung 1137 mit der Gründung des Klosters Salem, ein Jahr später folgte Maulbronn. Die strengen Regeln der Anfangszeit wurden jedoch immer mehr gelockert. Die zisterziensischen Baumeister öffneten sich den jeweils vorherrschenden Baustilen, die Kirchen erhielten Figurenschmuck und bunte Glasfenster. Selbst das so wichtige Prinzip der Eigenwirtschaft konnte nicht durchgehalten werden. Typisch, nicht nur für Südwestdeutschland, wurde vielmehr ein gemischtes Wirtschaftssystem mit eigenbewirtschafteten Gutshöfen (Grangien) und grundherrschaftlich verfassten Landgütern. Das Armutsideal der Zisterzienser wurde schließlich von ihrem großen wirtschaftlichen Erfolg unterlaufen, der sich paradoxerweise gerade dem Zusammenwirken von Askese und Arbeit verdankte.

In Maulbronn kann man besonders gut in den Kosmos einer mittelalterlichen Zisterziensergemeinschaft eintauchen: Fast wie in einer kleinen Stadt gruppieren sich in der Talaue der Salzach Ställe, Schmiede, Fruchtkasten, Mühle und Bäckerei um die Kirche und das Monasterium, eine mit Türmen bewehrte Mauer umgibt die ganze Anlage. Das unbedingt sehenswerte Klostermuseum im Frühmesshaus, in der Küferei und im Cellarium beleuchtet in verschiedenen Abteilungen den Alltag im Kloster.

Eine führende Rolle spielte Maulbronn bei der Rezeption der Gotik in Deutschland. Der namentlich nicht bekannte »Paradiesbaumeister«, der die Vorhalle der Kirche schuf, erhielt seine Ausbildung vermutlich an Bauten der französischen Frühgotik

Das Paradies, die Vorhalle der Klosterkirche

und kam wohl über Burgund, das Zentrum des Zisterzienserordens, nach Maulbronn. Der kunstgeschichtlich bedeutendste Raum des Klosters ist das um 1220/30 erbaute Herrenrefektorium im frühgotischen Stil. Schon in die Spätgotik verweist das reizvolle Brunnenhaus im Kreuzgang.

In die UNESCO-Liste des Weltkulturerbes wurde Maulbronn aber nicht nur aufgenommen, weil es bedeutende baukünstlerische Einzelleistungen besitzt und die Zisterze als »besterhaltene Klosteranlage des Mittelalters nördlich der Alpen« gilt, sondern auch, weil in der Landschaft um Maulbronn bis heute die Spuren zisterziensischen Wirtschaftens ablesbar sind. Durch ein immer noch gut erkennbares Kanalsystem wurden Feuchtgebiete entwässert, Stauseen dienten als Wasserrückhaltebecken und Fischteiche.

Im Umkreis

Ein Schmuckstück in der Pfarrkirche in ***Niefern-Öschelbronn*** *ist der fünfjochige Lettner mit spitzbogigen Arkaden und Netzgewölbe.* ***Eppingen*** *wartet mit spätmittelalterlichen Fachwerkbauten auf, darunter die »Alte Universität« (1495), die während der Pest 1564/65 der Universität Heidelberg als Ausweichquartier diente. »Kompass im Kraichgau« wurde der*

30 Meter hohe achteckige Bergfried inmitten der ***Burgruine Steinsberg*** *schon im 15. Jahrhundert genannt. In der ehemaligen Grangie des Klosters Herrenalb in* ***Oberderdingen*** *ist heute unter anderem das Rathaus untergebracht. Eine mittelalterliche Kirchenburganlage ist in* ***Lienzingen*** *zu besichtigen.*

Info

Kloster Maulbronn: *März–Oktober 9–17.30 Uhr, November–Februar Di–So 9.30–17 Uhr, Führungen 11.15 und 15 Uhr, Telefon (0 70 43) 92 66 10.*

Eppingen, Stadt- und Fachwerkmuseum »Alte Universität«: *Mi–So und Feiertage 14–16 Uhr, Telefon (0 72 62) 9 20 11 16.*

Bronnbach

Zu den Tochtergründungen Maulbronns zählt Kloster Bronnbach im Taubertal. Stifter waren die fränkischen Ritter Billung von Lindenfels, Sigebot von Zimmern, Erlebod von Krensheim und Beringer von Gamburg. Da man in Maulbronn niemanden entbehren konnte – man hatte gerade erst einen Gründungskonvent nach Schöntal entsandt –, kamen 1151 die ersten Mönche aus Waldsassen. Den Bauplatz für ihr Kloster wählten die Mönche mit Bedacht an einem Übergang der Tauber, der wichtige Fernstraßen verband. Um 1340 wurde eine fünfbogige Brücke gebaut, die aber den Hochwasserfluten 1408 nicht standhielt. Die noch im selben Jahr unter Abt Hildebrand erneuerte Brücke ist ein Meisterwerk mittelalterlicher Ingenieurskunst. Die beiden neuen Bögen weisen mit über 22 Metern nach der Karlsbrücke in Prag die größte Bogenspannweite aller gotischen Brücken Mitteleuropas auf. Ergänzt werden sie durch zwei weiterverwendete Bögen der alten Brücke.

Ursprünglich, zisterziensisch schlicht, mit kleinem Dachreiter, taucht hinter mächtigen Kastanien die Klosterkirche auf. Selbst der Putz der Außenmauern stammt noch aus der Erbauungszeit. An die Kirche schließt sich das Geviert der Klausurgebäude an. In der Barockzeit hat man sie einfach aufgestockt, so blieben im Untergeschoss die romanischen Räume erhalten – der Kapitelsaal mit seinen vier Säulen, die ein schweres Kreuz-

Bronnbach: Romanische Klosterkirche und gotischer Kreuzgang

rippengewölbe tragen, das Kalefaktorium, die Wärmstube, mit Resten des romanischen Kamins, sowie eine weite Halle, deren einstige Nutzung unklar ist. Herzstück der Klosteranlage ist der frühgotische Kreuzgang mit der schönen Pforte, überraschend die Bogenform der Fenster, deren Vorbilder in französischen und rheinischen Kirchen zu finden sind.

Mit der Erbauung der dreischiffigen Basilika, die 1222 geweiht wurde, schufen die Mönche eine der bedeutendsten Ordenskirchen in Süddeutschland, indem sie burgundische, elsässische, nordfranzösische und provenzalische Stilelemente in die Architektur einfließen ließen. Heute ist man beim Eintritt in das Gotteshaus geblendet von der barocken Pracht, doch im Schauen verblasst das Gold und es erschließt sich der einzigartige romanische Raum.

Der Wirtschaftsbereich des Klosters liegt auf der anderen Seite der erst im 19. Jahrhundert angelegten Straße. Die Mühle an einem Seitenkanal der Tauber stammt noch aus dem Mittelalter, die anderen Gebäude sind barock. Auch außerhalb unterhielt das Kloster einige Wirtschaftshöfe und in Frankfurt, Aschaffenburg, Würzburg, Wertheim und Miltenberg betreuten Pfleghöfe auswärtige Besitzungen. Zudem gehörten die Dörfer Reicholzheim und Dörlesberg zu Bronnbach. Seit 1986 ist der Main-Tauber-Kreis Besitzer der in den letzten Jahren sorgfältig restaurierten Anlage.

Sigismundkapelle in Oberwittighausen

Im Umkreis

Wahrzeichen der Stadt ***Wertheim*** *ist die Burg der gleichnamigen Grafen. Aus rotem Sandstein hoch über der Mündung der Tauber in den Main erbaut, gilt sie als eine der schönsten des Alten Reiches. Die Stiftskirche bewahrt zahlreiche künstlerisch wertvolle Epitaphien und Grabdenkmäler vom 14. bis zum 17. Jahrhundert. Die romanische Chorturmkirche Sankt Jakob in* ***Urphar*** *besitzt wertvolle Wandmalereien und ein urtümliches Gestühl aus dem 13. Jahrhundert. Unweit des Städtchens Freudenberg am Main liegt auf halber Hanghöhe die Ruine der* ***Burg Freudenberg****. Die Anlage aus dem 12. Jahrhundert wurde um 1497 für Asmus Graf von Wertheim zur Residenz ausgebaut. Im Schloss und in der Pfarrkirche Sankt Martin in* ***Tauberbischofsheim*** *sind Werke der beiden Meister Tilman Riemenschneider und Matthias Grünewald zu finden. Die Achatiuskapelle in* ***Grünsfeldhausen****, die Sigismundkapelle in* ***Oberwittighausen*** *und die Ulrichskapelle in* ***Standorf*** *verbindet eine Idee der Kreuzritterzeit: Die achteckigen Kapellen sind Nachahmungen der Grabeskirche in Jerusalem.*

Info

Kloster Bronnbach: *April–Oktober, Mo 10–12 Uhr und 14–17 Uhr, Di–Sa 10–17 Uhr, So und Feiertage 13–17 Uhr, Telefon (0 93 42) 3 95 96.*
Tauberbischofsheim, Tauberfränkisches Landschaftsmuseum im Kurmainzischen Schloss: *Palmsonntag–31. Oktober, Di–Sa 14.30–16.30 Uhr, So und Feiertage 10–12 Uhr und 14–16.30 Uhr.*

Heiligkreuztal

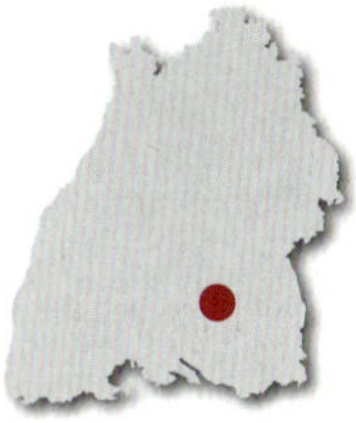

Was Maulbronn für die Männerklöster, ist Heiligkreuztal für die Frauenklöster: eine der ganz wenigen Klosteranlagen in Deutschland, die nahezu unverfälscht erhalten blieben. Als Gründungsdatum gilt das Jahr 1227, mit dem Bau des heutigen Münsters begannen die Zisterzienserinnen um 1300.

Im schmalen und hohen Kirchenraum zieht das farbenprächtige Chorfenster den Blick sofort auf sich. Es ist das Werk

Kloster Heiligkreuztal: Kreuzgang und Klosterkirche

eines Konstanzer Meisters und gehört zum Besten, was die Glasmalerei des frühen 14. Jahrhunderts in Süddeutschland hervorgebracht hat. Die Johannesminne, ein kleines Andachtsbild aus farbig gefasstem Nussbaumholz, das in einer kleinen Nische rechts unter dem Chorfenster steht, gibt in seiner Innigkeit einen unmittelbaren Eindruck von der Frauenmystik des Mittelalters. Es ist Sinnbild der »unio mystica«, der Vereinigung mit Gott als höchster geistlicher Erfahrung. Die Kreuztragung im südlichen Seitenschiff ist ein Werk des Ulmer Künstlers Hans Multscher. Unverzichtbar für die Kirche eines Frauenklosters war die Nonnenempore. Die Nonnen lebten in strenger Klausur, der Kontakt mit Kirchenbesuchern sollte vermieden werden. Die Bruderkirche unter der Empore diente ursprünglich den Konversen, den Laienbrüdern, die in der Anfangszeit des Klosters die Klostergüter bewirtschafteten, als Gottesdienstraum. Heute werden hier sakrale Gegenstände aus der Klosterzeit ausgestellt.

Heiter und fast schon heimelig wirkt der lichte Kreuzgang mit seinem schönen Netzrippengewölbe und den Wandmalereien des Meisters von Meßkirch. Äbtissin Veronika von Rietheim, die mit ihrer klugen Politik die angedrohte Aufhebung des Klosters in der Reformationszeit verhinderte, gab den Auftrag zur Ausgestaltung.

In der Säkularisation kam das Kloster 1804 an Württemberg. Nach Jahrzehnten des langsamen Verfalls erwarb die Stefanus-Gemeinschaft 1972 die weitläufige Anlage vom Land Baden-Württemberg, restaurierte sie in vorbildlicher Weise und richtete eine Tagungsstätte ein. Sogar Nonnen leben wieder in Heiligkreuztal, eine Gemeinschaft der Schwestern der heiligen Klara führt die klösterliche Tradition fort.

Im Umkreis

*In **Riedlingen** kann man am Verlauf der in Teilen erhaltenen Stadtmauer und der Straßen den rechteckigen Stadtgrundriss des 13. Jahrhunderts noch gut erkennen, die stattlichen Fachwerkhäuser stammen aus dem 15. bis 17. Jahrhundert. Der hohe gotische Turm der Georgskirche ist das Wahrzeichen der Stadt, die Donauansicht mit dem Wohn- und Wehrturm Lichtenstein ihre Schokoladenseite.*

Info

Kloster Heiligkreuztal, Klosterkirche und Kreuzgang: *8–18 Uhr.* ***Museum in der Bruderkirche:*** *April–Oktober, So 14–17 Uhr, Telefon (07371) 1860.*

Riedlingen: Stadtansicht mit Wohn- und Wehrturm Lichtenstein

Kaiserpfalzen

Das Alte Reich blieb im Mittelalter ohne Hauptstadt, Könige und Kaiser übten ihre Regierung im Umherziehen aus. Angesichts der Größe des Reiches, der mangelnden Verkehrserschließung und der unzureichenden Nachrichtenübermittlung wäre die herrschaftliche Durchdringung des Landes von einer einzigen Residenz aus gar nicht möglich gewesen. So wurden an wichtigen Verkehrswegen repräsentative Pfalzen errichtet, in denen der Herrscher auf Zeit residierte, Hoftage und Reichsversammlungen abhielt, Urkunden ausstellte, Recht sprach, aber auch die großen kirchlichen Feiertage beging.

Bad Wimpfen

Einer dieser ausgesucht günstigen Plätze war Wimpfen am Berg an der bedeutenden Fernhandelstraße Paris–Worms–Ingolstadt–Passau, die schon die Römer benutzten. Dazu kamen die Wasserwege von Neckar, Jagst und Kocher. Beste Voraussetzungen für die Entstehung eines Marktes, der für die Verpflegung des Königs samt Gefolge unverzichtbar war. Zur Bauzeit der Pfalz liegen keine schriftlichen Quellen vor, fest steht, dass im Februar 1182 Kaiser Friedrich I. Barbarossa in Wimpfen weilte und sein Sohn Heinrich VI. Wimpfen bis 1192 dreimal besuchte. Ab 1218 wurden dann die Königsbesuche in Wimpfen zahlreicher, der historisch wichtigste war sicher der vom 2. Juli 1235. Schon im Frühjahr war Friedrich II. über die Alpen gezogen, zahlreiche Fürsten waren ihm bis Regensburg entgegengeeilt. Die Menschen staunten, als der Kaiser mit seinem Tross, in dem sich auch Sarazenen und Äthiopier befanden, die allerlei Kunststücke vorführten, und sei-

Kaiserpfalz Wimpfen: Arkaden des Palas

ner Menagerie, die aus so exotischen Tieren wie Affen, Kamelen und Dromedaren, Maultieren und Leoparden bestand, nach Wimpfen zog. Aufsehen erregte ein noch nie gesehenes Tier, das man Giraffe nannte, vermisst wurde dagegen der berühmte Elefant. Größte Aufmerksamkeit schenkte man den vierspännigen Wagen, die mit reichen Schätzen beladen waren. So augenfällig seine Macht und Würde demonstrierend traf Friedrich II. am 2. Juli in Wimpfen ein. Hier wollte sich der rebellische Sohn, König Heinrich VII., seinem kaiserlichen Vater unterwerfen, doch der Kaiser warf ihn, statt einer Versöhnung, ins Gefängnis.

Noch immer beeindruckt die markante Silhouette der Kaiserpfalz Wimpfen, die größte der staufischen Pfalzen. Blauer und Roter Turm bilden im Westen und Osten die Eckpunkte, dazwischen ragt das Steinhaus empor. Man betritt das Pfalzgelände am besten von Süden durch den ursprünglichen Burgeingang, das Schwibbogentor. Der Blaue Turm, der seinen jetzigen Turmaufbau erst nach 1848 erhielt, wurde in einfacher Bauweise errichtet, während im Roten Turm eine gemütliche Turmstube mit Kamin eingebaut war, vielleicht für den Burgherrn. Ein Ruhebett fand in einer tiefen Nische Platz und eine Bogentür führte auf gewundenen Wegen zum Aborterker an der Turmmauer. Vom Palas, dem einstigen Hauptgebäude der Pfalz, ist nur die

Nordwand erhalten, die jedoch mit ihren vielfältig geschmückten Arkadenbögen zu den schönsten Beispielen romanischer Baukunst zählt. Die Arkaden öffneten den sich ursprünglich anschließenden Saal zum Neckar hin. Im Saal hielt der König Hof, hier wurden die Regierungsgeschäfte vollzogen und große Feste gefeiert. Die kaiserliche Familie konnte vom Steinhaus durch den Arkadengang des Saals und eine Rundbogentür die Empore der Pfalzkapelle erreichen und von dort über die äußere Mauer bis in die Turmstube gelangen. Einen Eindruck von der einstigen Pracht der Hofseite des Palas kann noch die aus sorgfältig behauenen Quadern erbaute Pfalzkapelle mit ihrem reichen Wandschmuck vermitteln. Das Wimpfener Steinhaus, in dem sich wahrscheinlich die Räume der Königin befanden, ist einer der größten romanischen Wohnbauten Deutschlands. Es besitzt im ersten Stock ein siebenteiliges Fenster mit bemalten Laibungen, dessen nach unten verschiebbare gotische Fensterläden rekonstruiert werden konnten. Rechts des Fensters ist das Wappen der Stadt zu sehen, der Reichsadler mit einem Schlüssel im Schnabel. An die Pfalz anschließend hatte sich fast gleichzeitig das Burgstädtchen entwickelt, das um 1300 Reichsstadt wurde. Noch im Mittelalter wurden Teile der Pfalz abgetragen, die junge Stadt eroberte sich das Terrain. Zu mittelalterlichem Leben erwacht das Burgviertel beim Zunftmarkt am letzten Augustwochenende, wenn Händler, Gaukler und Spielleute in die engen Gassen einziehen.

Mittelaltermarkt in der Kaiserpfalz Wimpfen

Burg und Stadt Weinsberg mit Johanneskirche

Im Umkreis

Zu den Kostbarkeiten mittelalterlicher Baukunst zählt die frühgotische Stiftskirche Sankt Peter in ***Bad Wimpfen im Tal,*** *eine Gewölbebasilika aus dem 13. Jahrhundert. Das frühromanische Westwerk mit unverputztem Bruchsteinmauerwerk stammt von der Vorgängerkirche und wird in das 10. oder 11. Jahrhundert datiert. Östlich von* ***Neudenau an der Jagst*** *liegt das mit Wandmalereien geschmückte Kirchlein Sankt Gangolf, seit dem Spätmittelalter Ziel von Pferdewallfahrten. Das Inferno am 4. März 1944 überstanden die Figuren des Hochaltars der Kilianskirche in* ***Heilbronn,*** *Werke des begnadeten Bildschnitzers Hans Seyfer (um 1498). Hervorragende Wandmalereien aus dem 14./15. Jahrhundert sind in der Kilianskirche in* ***Talheim*** *erhalten.* ***Weinsberg,*** *bekannt durch die Burg »Weibertreu«, besitzt mit der Johanneskirche ein Juwel aus dem 13. Jahrhundert.*

Info

Bad Wimpfen, Museum im Steinhaus *und* ***Museum in der Pfalzkapelle:*** *1. April–15. Oktober, Di–So 10–12 Uhr und 14–16.30 Uhr.* ***Blauer Turm:*** *1. April–15. Oktober Di–So 10–18 Uhr. Wintermonate unter der Woche je nach Witterung, Sa und So 10–18 Uhr.* ***Roter Turm:*** *Mai–September, Sa, So und Feiertage 11–17 Uhr.* ***Bad Wimpfen im Tal, Ritterstiftskirche Sankt Peter,*** *Lindenplatz 7: 9–18 Uhr, Telefon (0 70 63) 9 70 40.*

Burg und Herrschaft

Über Jahrhunderte war die Burg Wohnsitz des Adels, sichtbares Symbol der Macht, Herrschaftsmittelpunkt und Wehrbau. Das Spektrum der Burgtypen reichte von der Turmhügelburg, der so genannten Motte, über die Wasserburg bis hin zu den kostspieligen Höhen- und Gipfelburgen. Baumaterial konnte Holz oder Stein sein, wobei der zeitliche Übergang fließend ist, es gab frühe Stein- und späte Holzburgen. Größe und Ausstattung der Anlagen variierten entsprechend des gesellschaftlichen Standes der Burgherren. So entfaltete sich höfische Kultur mit Minnesang und glanzvollen Festen vorzugsweise in den Hochadelsburgen, während in den vielen Burgen der Ministerialen (Dienstmannen) eher das Gackern von Hühnern und das Grunzen von Schweinen zu hören war. Mit der Erfindung des Schießpulvers und den Veränderungen in der Gesellschaft verloren die Burgen am Ende des Mittelalters ihre Bedeutung. Das politische, kulturelle und wirtschaftliche Leben verlagerte sich zunehmend in die aufblühenden Städte.

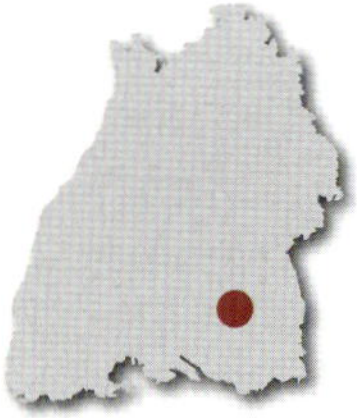

Bachritterburg Kanzach

In Sichtweite des Schlösslebergs, des Überrests der alten Motte der Bachritter, lädt die neue Bachritterburg Kanzach zu einer Zeitreise ein. Sie ist die Rekonstruktion einer für das frühe 14. Jahrhundert typischen Holzburg eines Niederadeligen, bestehend aus einem Wohnturm, Wohn- und Wirtschaftsgebäuden, geschützt durch Wassergraben und Palisadenzaun.

Man kennt inzwischen viele Plätze, auf denen Holzburgen standen, erhalten blieb jedoch außer verfärbten Pfos-

Der Wohnturm ist das älteste Gebäude der Bachritterburg. Rechts: die gemütliche Stube im Turm

tenlöchern meist nichts. Deshalb waren die Ausgrabungen der Wasserburg Eschelbronn im Kraichgau in den Jahren 1972 bis 1975 durch das Landesdenkmalamt Baden-Württemberg ein besonderer Glücksfall. Von der Burg war obertägig nichts mehr zu sehen, nur ein Quadrat in der Wiese weckte Hoffnungen, die sich mehr als erfüllten. Wesentliche Teile der Burg waren in den Grundwasserbereich abgesunken, das Eichenholz bestens konserviert. So war es möglich, den Kernbereich der Burg, die laut dendrochronologischer Untersuchung 1271 erbaut worden war, komplett zu erfassen. Diese Erkenntnisse bildeten die Grundlage für die Rekonstruktion der Bachritterburg Kanzach. Wesentliche Details für die fehlende Dachkonstruktion lieferte das »Templerhaus« in Amorbach mit seinem Dachstuhl von 1291.

Die Herren von Kanzach, die sich später Bachritter nannten, wurden erstmals in Urkunden des 12. Jahrhunderts genannt. Als niederadelige Ministeriale gehörten sie zwar zu einer gehobenen Gesellschaftsschicht, bezogen Abgaben aus dem ihnen verliehenen kleinen Territorium und mussten als Ritter im Ernstfall für ihren Lehnsherrn in den Krieg ziehen, ansonsten lebten sie aber als Bauern inmitten ihrer Leute. Und so wirkt auch die Bachritterburg eher wie ein befestigter großer Gutshof. Über den Wassergraben und durch ein in den Palisadenzaun eingefügtes schweres Holztor gelangt man in die Vorburg. Im Garten gedeihen Kräuter und Gemüse und um den Brunnen gruppie-

Gemüsegarten im Schutz der Burg

ren sich schilfgedeckte Fachwerkhäuser: das Wohnstallhaus, in dem der Verwalter mit seiner Familie und das Gesinde lebten, die Scheune für die Pferde und das Heu, dazu ein Speicherbau mit feuersicherem Ziegeldach für das Getreide und einem gemauerten Keller, in dem Wein und Bier gelagert wurde, sowie ein Schuppen mit Schmiede und Backofen. Der wuchtige Wohnturm des Burgherrn, ein Eckständerbau, ist mit einem zweiten Wassergraben und einem Weidengeflechtzaun umgeben. Die hölzerne Treppe ins Obergeschoss ist heute massiver gebaut als im Mittelalter, damals konnte sie bei Gefahr schnell abgebrochen werden. In den Sommermonaten zieht an einigen Wochenenden mittelalterliches Leben ein, dann kann man den Bachrittern begegnen und den Schmieden bei der Arbeit zusehen …

Im Umkreis

Über Riedlingen und Zwiefaltendorf führt der Weg ins wildromantische ***Große Lautertal*** *mit seinen malerischen Burgen. Einen der schönsten Ausblicke bietet die Ruine* ***Wartstein*** *– oder* ***Hohengundelfingen****, die imposanteste der Lautertaler Burgen. Im kleinen Burgmuseum werden unter anderem mittelalterliche Tonpüppchen gezeigt, die bei der Restaurierung der Burg gefunden wurden.* ***Bichishausen*** *ist ein gutes Beispiel einer Schildmauerburg des späten Mittelalters.*

Info

Kanzach, Bachritterburg: *1. April–1. November 10–18 Uhr, November und März So 10–16 Uhr. Regelmäßige Belebung der Burg an Wochenenden, freie Führung (30 Min.) So 14 Uhr, Telefon (0 75 82) 93 04 40 oder 93 38 12.*

*Münsingen-Gundelfingen, **Burgmuseum Hohengundelfingen**, Dürrenstetter Straße 6: Sa und So 14–17 Uhr, während der Sommerferien im August und September Di und Do–So 10–12 Uhr und 14–17 Uhr sowie nach Vereinbarung, Telefon (0 73 83) 94 24 56.*

Tiefburg Handschuhsheim

Die Tiefburg in Heidelberg-Handschuhsheim wurde vermutlich schon im Frühmittelalter angelegt. Im 13. Jahrhundert war sie Eigentum der Herren von Handschuhsheim, Lorscher Ministerialen, die einen silbernen Handschuh auf blauem Grund im Wappen trugen. Von der mittelalterlichen Burg, die nach der Zerstörung 1689 aus Geldnöten dem Verfall preisgegeben wurde, sind Untergeschosse, Fundamente und die zinnenbekrönte Ummauerung mit Bogenfries erhalten. Die Burg war umgeben von einem zwölf Meter breiten und drei Meter tiefen Graben, der mit Wasser vom Mühlbach gespeist wurde – keine appetitliche Angelegenheit, im

Von einem Wassergraben geschützt: die Tiefburg Handschuhsheim

Wasser, in dem allerlei Unrat schwamm, tummelten sich Ratten. Ein Wassergraben bot jedoch den Vorteil, dass während einer Belagerung die Mauern nicht untergraben werden konnten. Der einstige Umfang der Burg mit Stallungen, Scheunen, Remisen und Wirtschaftsgebäuden war jedoch erheblich größer, das zeigt die teilweise erhaltene Außenmauer, Reste der Vorburg sind in die umliegenden Häuser eingebaut. Raban Graf von Helmstatt (1844–1932) ließ das Steinhaus im Innenhof der Burg in den Jahren 1911 bis 1913 wieder errichten und die Anlage gründlich renovieren.

Wie es sich für eine zünftige Burg gehört, kann Handschuhsheim mit einer gruseligen Geschichte aufwarten: 1770 fand Johann Ferdinand Joseph Freiherr von Helmstatt in einem Schacht unter der Kapelle das Skelett eines Ritters in seiner reich mit Gold verzierten Rüstung aufrecht stehend eingemauert. Leider weiß niemand, wie und warum der arme Ritter zu Tode kam. Der Freiherr verschenkte die Rüstung an einen Freund, heute ist sie verschollen. Normalerweise wurden die Herren von Handschuhsheim jedoch in der gegenüberliegenden Kirche Sankt Vitus bestattet. Das Doppelgrabmal für Hans von Ingelheim (gestorben 1517) und seine Gemahlin Margareth von Handschuhsheim (gestorben 1509) gilt als das hervorragendste Werk der Spätgotik in Heidelberg. Als Letzter seines Geschlechts starb 1600 Johann V. von Handschuhsheim, an ihn erinnert eine eher schlichte Grabplatte.

Im Umkreis

Frühes klösterliches Leben dokumentiert die imposante Ruine des Klosters Sankt Michael aus spätkarolingischer Zeit auf dem ***Heiligenberg*** *über Heidelberg. Der Chor der ehemaligen Stiftskirche in* ***Heidelberg*** *war Grablege der Kurfürsten von der Pfalz. Den Zerstörungen im Pfälzer Erbfolgekrieg 1693 entging nur die Grabplatte König Ruprechts I. und seiner Gemahlin Elisabeth von Hohenzollern.*

Info

Heidelberg-Handschuhsheim, Tiefburg:
Außenbesichtigung jederzeit, der Innenhof der Burg ist während der »Hendsemer Kerbe«, die Mitte Juni stattfindet, bewirtschaftet und zugänglich, Telefon (06221) 19433.

Burg Amlishagen

Besonders im Südwesten Deutschlands sind Schildmauerburgen häufig anzutreffen, doch kaum eine Schildmauer ist so gut erhalten wie die auf Burg Amlishagen. Zwischen Schwäbisch Hall und Rothenburg ob der Tauber gelegen, befand sich die Burg über lange Zeit im Dornröschenschlaf, keiner schenkte ihr besondere Beachtung und so bröselte das Gemäuer leise vor sich hin. Ein Geschenk für die Archäologen, denn nur so blieb unverfälschte Bausubstanz erhalten, die es zu dokumentieren und zu konservieren galt.

Die Schildmauer, auch »hoher Mantel« genannt, diente zur Sicherung der schwächsten Stelle, durch die ein Angriff erfolgen konnte. Bevorzugte Burgplätze waren Spornlagen auf Berg und Fels, die auf drei Seiten durch Steilabfälle auf natürliche Weise gesichert waren. Gefahr drohte nur von der Verbindung zur Hochfläche her, hier erwies sich die Schildmauer als wirkungvoller Riegel. Nähert man sich der Burg Amlishagen von Norden, so sieht man von den Gebäuden tatsächlich erst einmal gar nichts, sie verstecken sich hinter der riesigen Mauer, 20 Meter hoch, 19 Meter lang und 2,5 Meter tief. Im oberen Teil besitzt sie einen Wehrgang, dessen Eingang auf der Innenseite

Burg Amlishagen: Schildmauer und Torhaus (links), großer Saal im Palast (rechts)

in zehn Metern Höhe liegt. Von dort führt eine Wendeltreppe in der Mauer weiter hinauf. Ein zweiter Wehrgang ist in den Fachwerkaufsatz mit Satteldach integriert.

Der Zugang zur Burg befand sich ursprünglich auf der westlichen Talseite und war nur über einen sehr steilen Fußweg zu erreichen. Erst im Zuge der Erweiterungsbauten im Jahr 1470 verlegte man ihn nach Norden und konnte nun über eine Brücke, die den Halsgraben überspannte, ebenerdig in die Burg gelangen. Damals wurde auch der Palas erneuert und wohnlicher eingerichtet, den neuen Komfort zeigen die gut erhaltenen spätgotischen Fenster mit den tiefen Nischen im ersten Obergeschoss. Ein 1502 errichtetes zweistöckiges Gebäude zwischen Palas und Mauer bot schließlich über das Dachgeschoss einen einfachen Zugang zum Wehrgang. Von diesem Bau ist nur das Erdgeschoss erhalten, sodass man den Eingang des Wehrgangs wie Anno dazumal wieder mit einer Leiter erklettern muss – was Burgbesuchern in der Regel natürlich nicht gestattet wird. Wer ein Faible für phantasievolle Geschichten hat, dem sei stattdessen ein Gang durch die Burg mit dem Künstler und Märchenerzähler Axel Frank ans Herz gelegt. Er erzählt die Geschichte vom Burgdrachen und andere neue Hohenloher Märchen.

Im Umkreis

Einige Rätsel gibt die Krypta aus ottonischer Zeit unter dem Pfarrhaus in ***Unterregenbach*** *auf. Noch als Ruine fasziniert die einst bemerkenswert gut ausgestattete staufische Ministerialenburg* ***Leofels****. In* ***Mistlau an der Jagst*** *ist die spätgotische Kirche Sankt Nikolaus mit ihrem im frühen 15. Jahrhundert vollständig ausgemalten Chor das Ziel. Zwischen Mistlau und Wallhausen ragt auf freiem Feld die »****Anhäuser Mauer****« auf, letzter Rest des 1404 erbauten Pauliner-Eremiten-Klosters. Ursprüngliche Einfachheit, spätgotische Holzbildwerke und das robuste Gestühl geben dem Kirchlein in* ***Buch****, Gemeinde Rot am See, seine besondere Atmosphäre. In* ***Lichtel*** *blieb in der dem Friedhof zugewandten Kirchenmauer eine Lichtnische erhalten. Im Mittelalter brannte auf dem Friedhof bei Tag und Nacht die Totenleuchte, als Schutz für die Toten und als Schutz der Lebenden vor den Toten. Der* ***Landturm Lichtel*** *an der Straße nach Rinderfeld ist Teil der Rothenburger Landhege, einer Graben-*

*Wall-Anlage zum Schutz des reichsstädtischen Territoriums. Für die »Herrgottskirche« südlich von **Creglingen** schnitzte Tilman Riemenschneider in den Jahren 1502 bis 1505 den berühmten Marienaltar.*

Info

***Amlishagen, Burg Amlishagen:** Ostern–31. Oktober, Sa und So 12–17 Uhr, Märchenerzählungen So 15 Uhr, Führungen nach Vereinbarung, Telefon (0 79 52) 92 60 26.*
***Creglingen, Herrgottskirche:** Februar–März Di–So 12–16 Uhr, April, 9.15–17.30 Uhr, Mai–November 9.15–18.30 Uhr, Telefon (0 79 33) 5 08.*
***Langenburg-Unterregenbach, Grabungsmuseum und Krypta,** Am Bach 20: täglich 9–11 und 14–17.30 Uhr, Telefon (0 79 05) 3 32 oder 9 10 20.*

Der Landwehrturm Lichtel ist Teil der Rothenburger Landhege.

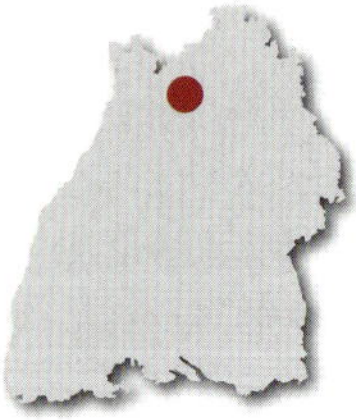

Burg Guttenberg

Burg Guttenberg gehört zu den ältesten Burgen im Neckartal, in den 800 Jahren ihres Bestehens wurde sie nie ernsthaft beschädigt und war durchgehend bewohnt. Die einstige Stauferburg ist mit Schildmauer, Palas und einem 40 Meter hohen Bergfried ausgestattet. Ein Bergfried diente in erster Linie als »Fernseher« und war deshalb rund um die Uhr von Turmwächtern besetzt, denen nichts entgehen durfte, weder ein herannahender Freund noch ein Feind noch Feuer, das irgendwo aufflackerte. Der Turm war auch Zufluchtsort im Notfall, ein Depot für Wurfsteine, die man effektvoll auf die Feinde herunterwerfen konnte, er war zuweilen Gefängnis und nicht zuletzt war er ein Prestigeobjekt. In jener Zeit wurden Bergfriede in großer Zahl gebaut, viele davon in aufwändigem Buckelquadermauerwerk.

Nach dem Untergang der Staufer kam die Burg an die Reichsdienstmannen von Weinsberg. Nach dem Tod des Reichserbkämmerers Konrad von Weinsberg (1370–1448) verkaufte der Vormund seiner Söhne, der Bischof von Mainz, die Burg samt Zubehör 1449 an Hans den Reichen Freiherr von Gemmingen, der den Preis von 6000 Rheinischen Gulden aus der Mitgift

Burg Guttenberg
im Neckartal

Greifvogelschau auf Burg Guttenberg. Rechts: das Salzhaus von 1450 in Mosbach

seiner Gemahlin Katharina von Steinach bezahlen konnte. Seitdem ist die Burg im Besitz der Freiherren von Gemmingen.

Das im ältesten Teil der Burg eingerichtete Museum lässt in einer preisgekrönten Ausstellung das »Leben auf der Ritterburg« lebendig werden. Schwerter klirren, Ketten rasseln und aus der Folterkammer erklingen von Zeit zu Zeit unheimliche Schreie ... Vertiefen lässt sich das Burgerlebnis mit einer Greifvogelschau, in den Zwingeranlagen der Burg hat die Deutsche Greifenwarte ihren Sitz. Durchaus standesgemäß, war doch die Falkenjagd schon für Kaiser Friedrich II. (1194–1250) ein so großes Vergnügen, dass er sie in einem Buch beschrieb: »Über die Kunst, mit Vögeln zu jagen«. Deftige mittelalterliche »Speysen« werden im historischen Ambiente der Burgschenke serviert.

Im Umkreis

Burgenfahrt durchs Neckartal: ***Burg Hornberg,*** *1184 erstmals erwähnt, gilt als älteste und größte der Neckarburgen. Hans Neidhard Horneck von Hornberg fand in der reich ausgestatteten Sankt-Peter-und-Paul-Kirche in* ***Hochhausen*** *seine letzte Ruhe. Lohnend ist ein Abstecher in die Fachwerkstadt* ***Mosbach,*** *die ältesten Häuser stammen aus dem 15. Jahrhundert. Weiter flussabwärts thronen malerisch die sagenumwobene* ***Minneburg*** *und die noch bewohnte* ***Burg Zwingenberg*** *über dem Neckar. Eine fast unversehrte Mantelmauer des 13. Jahrhunderts* *besitzt **Burg Stolzeneck.** Aus gleich drei Burgen besteht die »**Gruppenburg« Eberbach.** Ihr zu Füßen liegt die ehemalige Reichsstadt **Eberbach am Neckar**, deren Ummauerung mit vier Türmen und dem romanischen Bettendorftor weitgehend erhalten ist. Stilvoll speisen kann man im »Alten Badhaus« auf dem Lindenplatz, eine der besterhaltenen mittelalterlichen Badstuben des Landes.*

Info

***Haßmersheim-Neckarmühlbach, Burg Guttenberg, Burgmuseum:** April–Oktober 10–18 Uhr, März und November auf Anfrage, Telefon (0 62 66) 2 28. **Deutsche Greifenwarte:** April–Oktober 9–18 Uhr, März und November 12–17 Uhr, an Wochenenden 10–17 Uhr. Flugvorführungen April–Oktober 11 und 15 Uhr, März und November 15 Uhr, an Wochenenden 11 und 15 Uhr, Telefon (0 70 63) 95 06 50.*

***Zwingenberg, Schloss Zwingenberg:** Bewohnt und nur im Rahmen von Führungen zugänglich, Telefon (0 62 63) 41 10 10.*

Hohengeroldseck

In der ersten Hälfte des 13. Jahrhunderts zogen die Geroldsecker aus ihrer alten Burg auf dem Rauhkasten in ihre neue Burg Hohengeroldseck auf dem rundum freistehenden Schönberg. Der Erbauer soll Walter I. von Geroldseck gewesen sein. Der Platz an der Pass-Straße zwischen Schutter und Kinzig war gut gewählt, von der Gipfelburg, die keinen Bergfried benötigte, hatte man freie Sicht. Hohengeroldseck war eine der größten Burgen des Landes und das Geschlecht der Geroldsecker im 13. Jahrhundert eines der mächtigsten. Ihr Herrschaftsbereich reichte vom Rhein bis zum Neckar, Sulz und Lahr waren Geroldsecker Stadtgründungen. Zu ihrem Reichtum trug im Wesentlichen der Blei- und Silberbergbau bei, der unter ihrer Regie bei Prinzbach, nahe Hohengeroldseck, betrieben wurde.

Das Bauwerk auf dem zerklüfteten Porphyrfelsen des Schönbergs ist faszinierend, als würden die Mauern aus den Felsen wachsen. Dabei musste für die Anlage mit zwei festen Häu-

Weite Sicht: Burg Hohengeroldseck

sern, Mauern und Wirtschaftsgebäuden in Ober- und Unterburg zuerst der Boden bereitet werden. Man kappte die Felsspitzen, legte Sprengbögen über die Klüfte und umgürtete den Berg mit starken Mauern. Die Unterburg, in deren Hof ein Fels stehen blieb, war für Unterkünfte der Dienerschaft, für Werkstätten und Wirtschaftsgebäude samt den Ställen vorgesehen. Das Brunnenhaus im unteren Hof war aus strategischen Gründen nur von der Oberburg aus zu erreichen. Zur Versorgung der Burgbewohner lag unweit der Burg ein Meierhof. Die Oberburg, zu der man über eine Treppe – unterbrochen durch eine Ziehbrücke – gelangte, nahm die Herrschaftsgebäude mit je einem Treppenturm auf. Die Häuser waren mit einer hohen Mantelmauer verbunden, zum Wehrgang gelangte man durch den Treppenturm. Auf einer Skizze von 1645, die der Dichter Christoph von Grimmelshausen gezeichnet haben soll, sind beide Häuser gleich hoch. Heute stehen nur noch die Außenmauern der vier Geschosse vom hinteren »Hus«, die Steine vom vorderen waren im 18. Jahrhundert für den Haus- und Kirchenbau der Gegend sehr begehrt. Im zweiten Obergeschoss der Ruine lassen die Fenstergruppen mit den Sitznischen den Festsaal erahnen.

Obwohl die Burg »Biss« zeigte, blieb sie doch von Belagerungen nicht verschont. 1486 war es der Pfalzgraf, der sich vor

Der Schönberg mit Burg Hohengeroldseck

der Burg wirkungsvoll einrichtete. Nach der »Elsässischen Chronik« waren mindestens 8000 Personen beteiligt. Zuerst wurde die Burg rundum durch Schanzenbau eingeschlossen, das dauerte einen Monat. Dann wurden große und kleine Geschütze, Mensch und Gerät über Wasser und Land herbeigeführt und postiert. Bei Ankunft des Kurfürsten begann der Büchsenmeister Marten mit der Beschießung. Die kaum 100 Mann Besatzung der Burg, meist Bauern und ein habsburgisches Fähnlein, ergaben sich vor der Erstürmung. Erst 1534 bekamen die Geroldsecker ihre Burg zurück. Zerstört wurde Hohengeroldseck am Ende des 17. Jahrhunderts durch Feuer, doch da waren die Herren von Geroldseck schon ausgestorben.

Im Umkreis

Am Pass zwischen Schutter- und Kinzigtal steht am Fuß des Schönbergs die alte Schänke der Geroldsecker, das ***»Gasthaus Löwen«*** *von 1231. Die 1280 erstmals genannte* ***Waffenschmiede der Geroldsecker*** *verbirgt sich tief im Litschental, seit 1594 ist sie im Besitz der Familie Fehrenbach. Die Benediktinerabtei in* ***Schuttern*** *war eine Gründung des frühen 8. Jahrhunderts. Bei archäologischen Ausgrabungen unter der barocken Pfarrkirche »Mariä Himmelfahrt«, der ehemaligen Klosterkirche, stieß man nicht nur auf die Grundmauern der Vorgängerkirchen, sondern auch auf ein kreisrundes, in Teilen erhaltenes Bodenmosaik, das*

Klosterkirche Schuttern: Bodenmosaik »Kain und Abel«

die Geschichte von Kain und Abel erzählt und ins 11. beziehungsweise 12. Jahrhundert datiert wird. Ein Kleinod aus dem 15. Jahrhundert birgt die barocke Kirche, die »schöne Madonna von Schuttern« aus der Schule Nicolaus von Leydens.

Info

Schuttern, Klosterkirche: *ab 10 Uhr, Ausgrabungen unter der Kirche im Rahmen von Führungen zugänglich, Telefon (0 78 21) 6 20 25.*

Seelbach, Geroldsecker Waffenschmiede, *Litschental 111 (beim Gasthaus Schwert): nur Führungen möglich, Telefon (0 78 23) 22 70.*

Burg Rötteln

Das »sonnige« Rötteln, das sich die Herren von Rötteln um 1100 als Wohnplatz wählten, liegt nördlich von Lörrach über dem reizvollen Tal der Wiese. Ein Stich von Merian aus dem Jahr 1643 zeigt die typische Höhenburg noch unzerstört, deutlich erkennt man Vor- und Oberburg, getrennt durch den tiefen Halsgraben, den eine Zugbrücke überspannt. Am höchsten Punkt der Grüne Turm

Burg Rötteln: Über eine Brücke gelangt man zur Oberburg.

und die Wohnbauten mit Kammern, Halle, Stube mit Kamin, Kapelle, Brot- und Weinkeller, Rittersaal, im Mittelalter »Hofstube« genannt, und Aborthäuschen. Nach dem Graben dann die Vorburg, die mit den Türmchen und Dächern einem Burgstädtchen ähnelt. Hier lagen die Wirtschaftsgebäude, die Landschreiberei, das Gefängnis und sogar eine Burgschänke, in der auch heute noch ein Trunk kredenzt wird. Am südlichen Ende der Kapf mit der Bastion, die erst im 16. Jahrhundert von den Markgrafen von Baden errichtet wurde. Zuvor war hier ein freier Platz, auf dem das Landgericht Urteile fällte und des Öfteren auch vollstreckte.

Aus der Gründungszeit stammt der Turm der oberen Burg, von dem man eine herrliche Aussicht über das Land zwischen Schwarzwald, Jura und Vogesen genießt. Der letzte Herr von Rötteln starb 1316, nach ihm traten die Markgrafen von Hachberg-Sausenberg – durch Heirat – das Erbe an. Sie bauten die Oberburg weiter aus und begannen im 14. Jahrhundert mit dem Aufbau der Vorburg. Das ganze Mittelalter hindurch diente ihnen die Burg, die zum Mittelpunkt des Markgräfler Landes wurde, als Residenz. Ein Augenzeuge berichtete, dass Kammern und Repräsentationsräume mit kostbaren Teppichen ausgekleidet waren und Keramikfunden zufolge gab es auf der Burg mindestens 15 Kachelöfen mit unterschiedlichem Dekor. Nach dem Tod des Markgrafen Philipp 1503 fielen Burg und Herrschaft an die Markgrafen von Baden. Zerstört wurde die Burg durch die Franzosen in den Jahren 1678 bis 1689. Das Museum in der »Landschreiberei« zeigt Fundstücke und Modelle der Burg. Wechselnde Themenvitrinen geben Einblick in das mittelalterliche Leben. Für Freilichtspiele im Sommer bietet die Ruine eine romantische Kulisse.

Im Umkreis

*Die Gruftkapelle der Laurentiuskirche in **Rötteln** birgt die gotischen Grabmale von Markgraf Rudolf III. von Hachberg-Sausenberg, Herr zu Rötteln, und seiner zweiten Gemahlin Anna*

Grabmal Annas von Freiburg in der Kirche zu Rötteln

von Freiburg. Die liegenden Figuren in zeitgenössischer Bekleidung gehören zu den künstlerisch wertvollsten Arbeiten am Oberrhein. In ***Obertüllingen*** *westlich des Stadtzentrums von Lörrach finden sich im Chor der Odilienkirche ein spätgotischer Sakramentsschrein mit einem Heiligen Grab und wertvolle Fresken. Die Petruskirche in* ***Blansingen*** *besitzt einen bemerkenswerten Wandbildzyklus aus der Zeit um 1440. Eine gedeckte Holzbrücke über den Rhein von* ***Bad Säckingen*** *in die Schweiz wurde schon im 13. Jahrhundert gebaut und seitdem mehrmals erneuert. Östlich von* ***Waldshut****, der wichtigsten der vier vorderösterreichischen Waldstädte, liegt auf Schweizer Rheinseite* ***Bad Zurzach,*** *im Mittelalter einer der bedeutendsten Handels- und Messeorte im Süden des Reiches. Hoch über dem Rheinübergang sieht man auf einer baumumstandenen Wiese noch die Grundmauern der »Kirchlibuck«, einer Kirche aus dem 5. Jahrhundert. Die benachbarte Verena- und Mauritiuskapelle reicht ebenfalls ins 1. Jahrtausend zurück.*

Info

Lörrach, Burg Rötteln: *Mitte März–1. November 10–18 Uhr. November–Mitte März Sa und So 11–16 Uhr.*
Museum in der Landschreiberei: *Mitte März–1. November 10–18 Uhr. November–Mitte März So und Feiertage 11–16 Uhr. Bei ungünstiger Witterung wie Schnee und/oder Vereisung bleiben Burg und Museum geschlossen.*

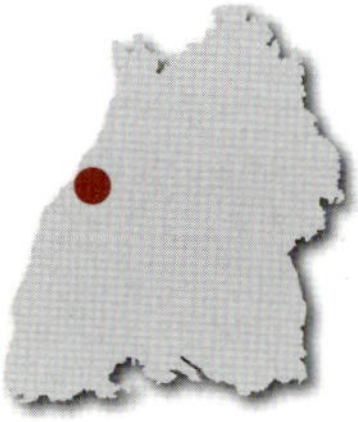

Hohenbaden

Das »Alte Schloss« von Baden Baden liegt an der Westspitze des Battert, eines Bergrückens zwischen Murg- und Oostal. Der älteste Teil der Burg, der so genannte »Hermannsbau« wurde nach Hermann II. (1073–1130) benannt, der 1112 zum ersten Mal als Markgraf von Baden erwähnt wird. Diese Oberburg, zu Beginn des 12. Jahrhunderts errichtet, war mit Bergfried, niederer Schildmauer, Wachstube, Palas und einem Gärtlein, alles auf steilem Fels eng zusammengerückt, noch sehr bescheiden und wurde von den Markgrafen auch wenig bewohnt. Ihr Hauptbesitz lag

Der Hermannsbau ist der älteste Teil der Burganlage Hohenbaden.

zur damaligen Zeit im Schwäbischen, wo sie in Backnang auch ihr Erbbegräbnis hatten. Markgraf Hermann V. (1190–1243) heiratete Irmengard, die Enkelin Heinrichs des Löwen. 1219 erbte er Pforzheim, auch Durlach und Ettlingen kamen an ihn. Der Mittelpunkt der Markgrafschaft verlagerte sich allmählich an den Oberrhein und Kloster Lichtental wurde zur neuen Grablege bestimmt. Auf Hohenbaden wurden Umbau- und Verschönerungsarbeiten vorgenommen, die Enge blieb jedoch, und so wohnte man lieber auf Alteberstein, das man 1283 gekauft hatte, in Pforzheim oder Mühlburg, heute ein Stadtteil von Karlsruhe. Erst Bernhard I. (1378–1431), seit 1417 kaiserlicher Landvogt, baute mit dem prächtigen Palas, »Bernhardsbau« genannt, Hohenbaden zur Residenz aus. In seinen Ruinen lässt es sich noch immer trefflich träumen, man wundert sich über die eine Säule mit Kapitell im Erdgeschoss, das immerhin 26 mal 15,5 Meter misst. Einst waren es drei Säulen, die einen riesigen Träger aus Holz stützten, auf dem die Balkendecke ruhte. Darüber lag der Prachtsaal mit einer Höhe von sechs Metern. Dass er beheizbar war, beweisen die beiden mächtigen Kamine. Der Saal, ausgestattet mit einer holzgeschnitzten Decke, kostbaren Teppichen, Gobelins, Gemälden und wertvollen Skulpturen,

Hohenbaden: Der große Saal im Bernhardsbau

bot einen exzellenten Rahmen für verschiedene Festlichkeiten. Ein westlich angrenzender Bau mit behaglichen Wohnräumen vervollständigte das Bauprojekt Bernhards. Bernhards Sohn, Markgraf Jakob I. (1431–1453), steuerte den »Jakobsbau« bei, der über die vergrößerte Kapelle gebaut wurde. Dazu kam der Kapellenturm und der Zwinger. Damit schuf Jakob den Verbindungsteil zwischen Ober- und Unterburg. 1446 hielt Jakobs Sohn Karl I. in den Prunkräumen auf Hohenbaden Hochzeit mit Katharina von Österreich, der Schwester des späteren Kaisers Friedrich III. Nach dem Tod Karls 1475 erbat Friedrich III., 1452 in Rom zum Kaiser gekrönt, Hohenbaden als Witwensitz für seine Schwester. Katharina hatte ihrem Gemahl drei Söhne und drei Töchter geboren, sie wurde zur Stammmutter des badischen Fürstenhauses. Sohn Christoph I. verlegte 1479 die Residenz ins Neue Schloss, doch seinen Lebensabend verbrachte er als kranker Mann auch auf Hohenbaden, er starb 1527. Noch im 16. Jahrhundert wurde die Burg als abgegangen bezeichnet, man vermutet einen durch Blitzschlag ausgelösten Brand, der die Holzausbauten des Palas vernichtete und nur die Mauern stehen ließ.

Im Umkreis

Die Benediktinerabtei Schwarzach entstand vermutlich im Zuge der rechtsrheinischen Klostergründungen im frühen 8. Jahrhundert, zum ersten Mal erwähnt wurde sie 817. Der heute noch bestehende Kirchenbau, das ***Rheinmünster Schwarzach,*** *wurde im 12./13. Jahrhundert nach Hirsauer Vorbild gebaut. Über 1000 Jahre alt ist das frühromanische »Heidenkirchlein« in* ***Freistett****. Zu den ältesten badischen Burgen zählt die 1246 genannte Ibere, die* ***Yburg****. Durch die Lichtentaler Allee erreicht man von Baden-Baden aus die* ***Zisterzienserinnenabtei Lichtental****, die Markgräfin Irmengard 1245 gründete und zu ihrem Witwensitz wählte. Nach Zisterzienserregel durften nur die Stifter in der Abteikirche beigesetzt werden. Rudolf I. ließ deshalb direkt neben der Abteikirche die so genannte Fürstenkapelle als Grablege der Markgrafen errichten.*

Info

Baden-Baden, Altes Schloss, *Alter Schlossweg 10: Schloss, Restaurant und Hotel 11–22 Uhr, das Schloss kann aber in der Regel bereits ab 9 Uhr besichtigt werden, Telefon (07221) 26948.*
Kloster Lichtental, *Hauptstraße 40: Kirche tagsüber geöffnet, Fürstenkapelle und Museum im Rahmen von Führungen nach Anmeldung, Di–So 15 Uhr außer erster So im Monat, Telefon (07221) 504910.*

Im Hof der Zisterzienserinnenabtei Lichtental

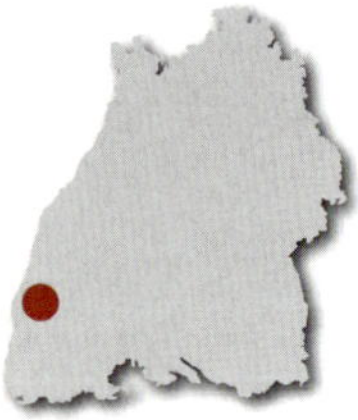

Hochburg

Ist man von Sexau in nördlicher Richtung unterwegs, fallen zur Linken die bizarren Ruinen der Hochburg ins Auge, die ausgebreitet über dem Brettenbachtal liegen. Die Burganlage auf dem Hornwald zählt zu den schönsten und interessantesten des Landes und ist die zweitgrößte Badens. Ihr geschichtlicher Ursprung ist schwer zu fassen, vermutlich war es Dietrich von Hachberg aus dem Hause der Grafen von Nimburg, der im 11. Jahrhundert auf seinem Eigenbesitz am Rand des Rodungsgebietes zu den Schwarzwaldtälern für sich und die Seinen eine sichere Wohnstatt erbaute. 1102 werden Conrad und Rudolf von Hachberg in Schaffhauser Urkunden genannt, sie könnten die Söhne des Erbauers sein. Die Burg selbst fand 1127 erste urkundliche Erwähnung. 1161 wurde auf Burg Hachberg der Kauf von Grund und Boden zur Gründung des Klosters Tennenbach in Gegenwart von Herzog Berthold IV. und Markgraf Hermann IV. besiegelt. Zeugen waren auch die Herren von Nimburg und die Herren von Üsenberg. Einer von Hachberg fehlte, so nimmt man an, dass damals Markgraf Hermann IV. von Baden bereits neuer Burgherr war. Als er

Die Hochburg über Sexau ist die zweitgrößte Burg Badens.

Blick über das Burggelände

vom Kreuzzug mit Kaiser Barbarossa nicht zurückkam, teilten seine Söhne um 1190 die Markgrafschaft. Hermann V. übernahm den nördlichen Teil und Heinrich I. begründete die Linie der Markgrafen zu Hachberg. Die heute als Oberburg bezeichnete erste Anlage wurde in den folgenden Jahren weiter ausgebaut. Wie man sich die mittelalterliche Burg vorstellen kann, vermittelt der Teilungsvertrag von 1386: Da ist die Rede vom Herbsthaus und Hinterhaus, einem Hof dazwischen, von Brunnen und Gefängnisturm, mehreren Toren, einer Bäckerei und Stallungen vor der Feste. Später wurde eine Küferei hinzugefügt. Auch ein Saalkirchlein aus dem 12. Jahrhundert konnte man entdecken.

1418 kam Burg und Herrschaft Hachberg, zu der über 30 Dörfer gehörten, durch Kauf wieder an das Stammhaus Baden zurück. Nun wurde wieder gebaut, die Burg erweitert und befestigt, so sicher, dass ihr die Bauern 1525 nichts anhaben konnten. Doch mit dem Mittelalter fanden auch die klassischen Burgen ihr Ende, mit dem neuen Schießpulver konnte man jede Burg niederlegen, die Büchsenmeister waren gesuchte Leute. Selbst der Versuch, die Burgen zu Festungen auszubauen, nützte letztlich nichts. Auch der Markgrafenburg bei Sexau blieb der Untergang nicht erspart, der Ausbau zur Landesfestung zu Beginn des 17. Jahrhunderts hatte gegen die Franzosen am Ende des Jahrhunderts keine Chance. Ein Wiederaufbau der Festung wurde wegen erwiesener Wirkungslosigkeit und der hohen Summen, die der Bau verschlingen würde, ad acta gelegt.

Im Umkreis

*In der **Silbergrube Caroline** in Sexau-Eberbächle können spätmittelalterliche Schächte befahren werden. In einem Seitental des Brettenbachs, nördlich der Hochburg, steht auf einer Wiese wie verloren der gotische Chor der Krankenkapelle des 1161 gegründeten Zisterzienserklosters **Tennenbach**. Vom Kloster, das nach der Säkularisation 1807 abgebrochen wurde, ist nur noch der Plan vor der Kapelle zu besichtigen. Die **Kastelburg** der älteren Linie Schwarzenberg, 1289 erstmals erwähnt, kam 1354 samt der Stadt Waldkirch an die Freiburger Patrizierfamilie Malterer. Seit 2003 führt ein von hölzernen Ritterfiguren gesäumter Kinder-Ritterwanderweg hinauf. Spannend sind die historischen Führungen, die sowohl für Kinder als auch für Erwachsene angeboten werden. Am Gewerbebach in **Waldkirch** arbeiteten im 15. Jahrhundert bis zu 40 Edelsteinschleifer, Bohrer und Balierer.*

Info

***Sexau, Hochburg,** Museum im Gewölbe unter der Oberburg: April–Oktober, So und Feiertage 14–18 Uhr.*
***Sexau-Eberbächle, Silbergrube Caroline:** Aktuelle Öffnungszeiten unter Telefon (0 76 41) 9 26 80.*

Chor der Krankenkapelle des Klosters Tennenbach

Burg und Stadt

Kristallisationspunkt der meisten urbanen Siedlungen des Hochmittelalters war eine Burg, in deren Schutz sich Handwerker und Kaufleute niedergelassen hatten. Ob aus der Siedlung tatsächlich eine Stadt wurde, hing neben einer positiven wirtschaftlichen Entwicklung vom Rechtsakt der Stadterhebung ab. Nach der großen Gründungswelle durch die Staufer versuchten im Spätmittelalter auch viele Grafen und Herren für ihre Burgweiler die Stadtrechte zu erlangen, ein Unterfangen, das nicht immer von Erfolg gekrönt war. Während in größeren Städten die Burg meist aus dem Stadtbild verschwand, kann man in kleineren Orten noch das Flair einer mittelalterlichen Burgstadt erleben.

Vellberg und Stöckenburg

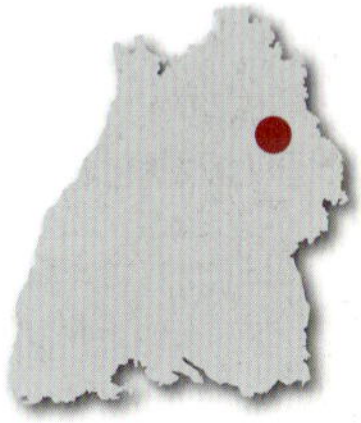

Stöckenburg mit der Martinskirche und das Burgstädtchen Vellberg liegen sich malerisch auf zwei Umlaufbergen gegenüber, tief unten im Tal die Bühler, die um beide ihre Schleifen zieht. Die Geschichte der Stöckenburg und ihrer Kirche reicht bis in merowingische Zeit zurück, vermutlich wurde sie schon in der ersten Hälfte des 7. Jahrhunderts gegründet. 100 Jahre später ist sie im Besitz der karolingischen Hausmeier, wie eine Urkunde Kaiser Ludwigs des Frommen von 822 bestätigt. Von der Martinskirche als Urkirche des Maulachgaues gingen viele Filialgründungen aus, die Stöckenburg diente vermutlich bis ins 10. Jahrhundert als Sitz des Gaugrafen. Die Burganlage ist längst verschwunden, die Martinskirche, 1435 neu erbaut, blieb bis heute evangelische Pfarrkirche von Vellberg.

Blick von der Stöckenburg auf Vellberg

Die neue Burg Vellberg, gegenüber der Stöckenburg, wurde vermutlich zwischen 1076 und 1086 gebaut, 1102 wird ein Heinrich von Vellberg in einer Urkunde genannt. Die steinerne Burg auf dem schmalen Bergsporn war, anders als die Stöckenburg mit ihrem weitläufigen Terrain, auf engem Raum angelegt und ummauert worden. Diese Burgform ist typisch für die salische Zeit, die durch Kriege und Fehden gekennzeichnet war; eine Burg musste leicht zu verteidigen sein. Wollte man jedoch auf der Burg auch wohnen, platzte sie bald aus allen Nähten. Schließlich brauchte man für das Funktionieren einer Burggesellschaft nicht nur Zugbrücke, Mauern und Schießkammern, sondern auch Wohnhaus, Brunnen, Küche und Bäckerei, Mühle und Metzgerei, man brauchte Huf- und Waffenschmied, Sattler, Wagner, einen Wirtschaftshof mit Ställen und Scheunen. So kam zur Oberburg die Vorburg, um die man auch eine Mauer zog, und als das nicht reichte, lehnte sich an die Vorburg eine Burgsiedlung an, aus der sich ein Burgstädtchen entwickelte. Natürlich immer noch alles eng beisammen, denn auch das Städtchen musste zum Schutz seiner Bewohner mit Tor und Turm ummauert sein. Vellberg bekam seine noch heute vollständig erhaltene und begehbare wehrhafte Ummauerung mit Kasematten und Türmen in den Jahren 1466 bis 1499. Im Jahr 1500 verlieh König Maximilian das Recht, vier Mal im Jahr Markt zu halten, 1506 erlangte Vellberg mit der hohen Blutgerichtsbarkeit auch die Stadtrechte.

Viel hat sich an der baulichen Situation seit damals nicht verändert, nach wie vor führt der Weg ins »Städtle« durch das enge Stadttor, schmucke Fachwerkhäuser aus dem 15. und 16. Jahrhundert prägen das Stadtbild, überragt vom Schloss, das Mitte des 16. Jahrhunderts auf dem Untergeschoss der 1523 zerstörten Burg erbaut worden war. Schöne Ausblicke auf Vellberg bietet der Weg hinauf zur Stöckenburger Martinskirche, an den Epitaphen im Innern der Kirche lässt sich die mittelalterliche Mode der Herren von Vellberg und ihrer Frauen studieren.

Im Umkreis

Im Chor der Pfarrkirche Sankt Martin in ***Michelbach an der Bilz*** *findet sich die seltene Darstellung eines »Gnadenstuhls« aus dem 14. Jahrhundert, ein Symbol der Trinität. Die im 11./12. Jahrhundert erbaute* ***Tannenburg*** *südlich von Bühlertann, eine der besterhaltenen Schildmauerburgen Württembergs, ist heute Schullandheim. Kindern werden hier sowohl das Leben im Mittelalter als auch Bio-Landwirtschaft vermittelt.*

Gasthaus Ochsen und Schloss Vellberg. Rechts: die Stöckenburg

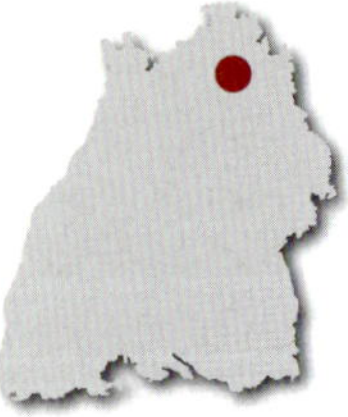

Krautheim

Im Jahr 1096 wird »Crutheim« an der Ginsbachmündung in die Jagst im Schenkungsbuch des Klosters Comburg zum ersten Mal erwähnt. Gemeint ist »Alten Crutheim«, Altkrautheim, das zu dieser Zeit einen Herrenhof besaß, zu dem vermutlich auch eine Kirche gehörte. Die heutige Chorturmkirche Sankt Johann Baptist, inzwischen erweitert und ansprechend umgestaltet, wurde 1322 erbaut. Sie war die Ur- und Mutterkirche vieler Gemeinden im Jagsttal.

Der neue Wohnsitz der Edelherren von Krautheim entstand auf dem Bergsporn nördlich der Jagst unter Wolfrad I. und seinen Söhnen Konrad, Wolfrad II. und Kraft im ersten Viertel des 13. Jahrhunderts: eine stauferzeitliche Burg mit Bergfried, Schildmauer, Palas und Ringmauer, wehrhaft und Respekt einflößend. Der älteste, Konrad, verkaufte die Burg bereits 1239 an seinen Schwager Gottfried von Hohenlohe. Es spricht viel dafür, dass dieser Kauf, der vermutlich im Beisein König Konrads IV. und anderer hochgestellter Persönlichkeiten in einem geheimen

Burg Krautheim: Palasportal und Burgkapelle

Rechtsakt besiegelt wurde, von Kaiser Friedrich II. gewollt war, um einen neuen, sicheren Aufbewahrungsort für die Reichsinsignien einzurichten. Die Reichsinsignien – die wichtigsten Teile waren Reichskrone, Heilige Lanze und Reichsschwert – verkörperten im Mittelalter das »rych« (Reich), erst ihr Besitz bestätigte die Legitimation des Königtums. Das abseits gelegene Krautheim erschien ideal, dazu kam die treue Ergebenheit Krafts von Krautheim und Gottfrieds von Hohenlohe, die dem Reichsrat angehörten, der den unmündigen Konrad unterstützen sollte, während sein Vater Friedrich II. im Süden weilte. Gottfried ließ die Burganlage umgehend erweitern, das große, spitzbogige Palasportal mit seiner reichen Ornamentik aus Säulchen, Kapitellen und Blattranken zeigt die hohe künstlerische und handwerkliche Versiertheit der Bauleute. Höhepunkt aber ist die Burgkapelle, die Georg Dehio zu den »vollendetsten Leistungen der Frühgotik in Südwestdeutschland« zählte. Ein heute teilweise zerstörter Raum im Obergeschoss könnte als Schatzkammer gedient haben. Ein Adlerkapitell ließe sich zudem als Hinweis auf die besondere Bedeutung der Kapelle verstehen. Ob die Reichsinsignien tatsächlich für einige Jahre in Krautheim verwahrt wurden, bleibt jedoch ein Geheimnis, das auch im Burgmuseum, eingerichtet im Untergeschoss des Palas, nicht gelüftet werden kann.

Wie auch immer, der Blick vom Bergfried über das Burgstädtchen Krautheim und das Jagsttal ist auf jeden Fall grandios. Die Stadtrechte erhielt der Ort um 1306 unter den Grafen von Eberstein, den neuen Herren in Krautheim. Boppo von Eberstein erwirkte in diesem Jahr bei König Albrecht von Habsburg die Verleihung des Rothenburger Stadtrechts an Ballenberg und vermutlich auch an Krautheim. Sicher urkundlich belegt ist die Stadtwerdung Krautheims 1329. Bald darauf begann man mit der Ummauerung, Teile der Stadtbefestigung und ein Tor sind erhalten.

Im Umkreis

*An der Strecke nach Bad Mergentheim liegt **Stuppach**, in einer Seitenkapelle der Kirche fand die berühmte »Stuppacher Madonna« des Matthias Grünewald von 1520 ihren Platz. Das Museum »Münsterschatz« im Münster Sankt Johannes Baptist in **Bad Mergentheim** zeigt unter anderem ausgezeichnete spätgotische liturgische Geräte und Gefäße fränkischer und Augsburger Gold- und Silberschmiede. »Fränkischer Dom« wird die* *dreischiffige romanische Pfeilerbasilika in* ***Wölchingen*** *genannt, die in den Jahren 1230 bis 1250 von den Herren von Boxberg und den Johannitern erbaut wurde. Das »Schlösschen« in* ***Laudenbach****, ein stattlicher mittelalterlicher Wohnturm, erhielt im Jahr 2000 den Denkmalschutzpreis.*

Info

Bad Mergentheim, Museum Münsterschatz: *So 15–17 Uhr, Führungen nach Absprache, Telefon (0 79 31) 9 86 00.*

Bad Mergentheim-Stuppach, *Kapellenpflege Stuppacher Madonna, Matthias-Grünewald-Straße 45: März–April 10–17 Uhr, Mai–Oktober 9.30–17.30 Uhr, November 11–16 Uhr, Telefon (0 79 31) 26 05.*

Krautheim, Burgmuseum: *Mai–September Sa, So und Feiertage von 14–16.30 Uhr. An Werktagen ganzjährig nach Rücksprache im Verkehrsamt, Rathaus Krautheim, Telefon (0 62 94) 98 12.*

Dilsberg

Es waren die in Diensten des Wormser Bischofs und des Königs stehenden Grafen von Lauffen, die im 12. Jahrhundert ihren Wohnsitz aus dem Elsenztal auf die Höhe des steilen Buntsandsteinkegels hoch über dem Neckar verlegten. Die Burg, die sie bauten, war ein Rundling, bestehend aus Wall, Ringmauer und Wohnturm, später ergänzt durch einen Palas und einen aus Buckelquadern gemauerten Bergfried. Sie sollte Reichsgebiet und Besitz des Wormser Bischofs gegen die aufstrebenden Pfalzgrafen abschirmen. Doch diese erwiesen sich am Ende als erfolgreicher, nach mehreren Besitzerwechseln gelangte der Dilsberg zwischen 1310 und 1340 endgültig an die Pfalzgrafen, seit 1356 Kurfürsten von der Pfalz. Mit dem Dilsberg hatten sie Größeres vor, er sollte nicht nur als Vorposten die Stadt Heidelberg schützen, sondern in Kriegszeiten den Heidelberger Hof aufnehmen können. Die alte Burg wurde weitgehend abgetragen und durch einen Neubau ersetzt, wobei man das Baumaterial wieder verwendete. Zudem gründete Pfalzgraf Ruprecht I. 1347 auf dem Berg eine Stadt, die in die Befestigung mit einbezogen

Die Burgfeste Dilsberg mit ihrer mächtigen Mantelmauer

wurde, die Siedler holte er aus den Dörfern Rainbach und Reidenberg. Den Leuten aus dem Tal wurde Freiheit von Leibeigenschaft und Steuern eingeräumt, im Gegenzug waren sie verpflichtet, ihre Häuser zu öffnen, wenn der Hof Quartier nehmen wollte, denn die Burg allein war dafür zu eng bemessen. Ein besonderes Ereignis für Dilsberg war sicherlich der Besuch König Ruprechts I. im August 1407. Zum ersten Mal war ein Pfalzgraf deutscher König geworden und Dilsberg für einige Tage Mittelpunkt des Reiches. Seit 1401 war Dilsberg Sitz eines Unteramts, führte ein Stadtsiegel und wurde in einer Urkunde von 1412 als Stadt mit Bürgermeister und Rat bezeichnet, dennoch blieb die Entwicklung der »Festungs-Zwergstadt« in den Anfängen stecken. Vor allem die wirtschaftlichen Erwartungen erfüllten sich nicht. Dilsberg blieb ein romantischer Burgflecken.

Die Kriege des 16. und 17. Jahrhunderts überstand die Burgfeste nahezu unbeschadet, selbst der gefürchtete General Mélac, der in der Kurpfalz eine Brandspur hinterließ, verschonte den Dilsberg. Erst im 19. Jahrhundert wurde die Burg, nun badisch geworden, zum Abbruch freigegeben – aus Burgsteinen wurden Wohnhäuser gebaut. Erhalten blieb die großartige 17 Meter hohe Mantelmauer, deren immer noch begehbarer Wehrgang

Klosterkirche Lobenfeld: Daniel in der Löwengrube (um 1240)

eine herrliche Aussicht gewährt. Vom kurpfälzischen Palas im Burghof stehen dagegen nur noch das mächtige Kellergewölbe und der Treppenturm. Auch das einladende Stadttor sollte abgerissen werden. Heute unterstreicht das stattliche Tor das mittelalterliche Bild, das dem »stettelin« auf dem Berg mit seinen schön renovierten Fachwerkhäusern immer noch anhaftet.

Im Umkreis

Im Klosterstädtchen ***Schönau*** *lädt ein ansprechend gestalteter historischer Rundgang zur (Wieder-)Entdeckung des Zisterzienserklosters Schönau ein. Von der einst weitläufigen Anlage blieben unter anderem das Herrenrefektorium, heute* *evangelische Kirche, und die 1250/51 erbaute Hühnerfautei, vermutlich Sitz des pfalzgräflichen Klostervogts, eines der wenigen gut erhaltenen Profangebäude des Hochmittelalters. Einen der bedeutendsten spätromanischen Freskenzyklen Südwestdeutschlands aus der Zeit um 1240 besitzt die ehemalige Klosterkirche Sankt Maria in* ***Lobenfeld.*** *Dazu kommen wertvolle Wandmalereien des 14. bis 16. Jahrhunderts.*

Info

***Burg Dilsberg**: April–Oktober, Di–So 10–17.30 Uhr, Telefon (0 62 23) 35 53.*

***Lobenfeld, Klosterkirche Sankt Maria:** Führungen nach Vereinbarung, Telefon (0 62 26) 4 17 69.*

Maienfels

Ausgesprochen reizvoll liegen Ort und Burg Maienfels auf steilem Bergsporn hoch über dem Brettachtal. Die heute noch imponierende Burg, 1302 erstmals genannt, wurde vermutlich von den Herren von Neideck zwischen 1230 und 1250 errichtet. Von diesem ersten Bau erhalten sind die Ringmauer um die Hauptburg, die innen aus Haustein- und außen aus Buckelquadermauerwerk gebaut ist, der Unterbau des Eckturms und ein Teil des Wehrgangs mit einem Abwurferker über der Pforte zur Kirche. Die Burgkapelle Sankt Maria von 1433 hatte wohl schon eine Vorgängerin. Im 15. Jahrhundert schuf man durch den Bau der Vorburg, die man bergwärts des tiefen Grabens mit einer Zugbrücke verbunden anlegte, bessere Verteidigungsmöglichkeiten mit modernen Feuerwaffen. Überdies auch mehr Wohnraum, denn die Burg war inzwischen zu einer Ganerbenburg geworden. 1427 vereinbarten die Ganerben einen »Burgfrieden«, in dem die Besitzverhältnisse und das Miteinander auf engem Raum geregelt war. 1492 heiratete Eberhard von Gemmingen die Ganerbentochter Magdalena von Adelsheim und erwarb somit ein Drittel der Burg, 1581 erwarben die Gemminger, wieder durch Heirat, auch das zweite Drittel. Sie errichteten den von weitem erkennbaren mächtigen Palas, der heute noch in ihrem Besitz ist.

Burg Maienfels. Rechts: evangelische Pfarrkirche im Burgstädtchen

Das reizende »Burgstädtchen« Maienfels, das trotz Stadtmauer, Pranger und Galgen doch nie ein richtiges Städtchen war, besitzt nur eine Straße, an der sich die wenigen Häuser aneinanderreihen, die kleine Kirche – und natürlich die Burg. Umso aufregender ist seine Geschichte. Für die Ganerbenfamilien, die sich nicht nur die Räumlichkeiten der Burg teilten, sondern auch die Erträge der Herrschaft, war das Einkommen sehr gering. Um die Kasse aufzubessern, verlegte man sich zunehmend auf Raubüberfälle. Maienfels wurde ein berüchtigtes Raubritternest, vor dem sich die vorbeiziehenden Handelsleute von und nach Schwäbisch Hall fürchteten, verlief doch die Straße durch den nicht enden wollenden Mainhardter Wald. Die starke Burg Maienfels wurde zum Schlupfwinkel für die adeligen Rittersleute der näheren und weiteren Umgebung. 1441 war das Maß voll, die Reichsstädte stellten ein Heer auf und zogen vor die Burg. Die Städter untergruben die Mauer, brachten sie zum Einsturz, eroberten das Schloss, plünderten und verbrannten es, dann zogen sie wieder ab. Heute geht es ohne Überfall. Burg und Städtchen Maienfels, wo die Sonne häufiger scheint als anderswo, sind ein Geheimtipp für einen schönen Ausflugstag.

Im Umkreis

Ein Kleinod spätromanischer Baukunst ist die Walterichskapelle in ***Murrhardt.*** *Die kleine, reich mit Ornamentschmuck verzierte Kapelle wurde um 1250 zum Gedächtnis an Walterich* *(gestorben 840), den ersten Abt des Benediktinerklosters Sankt Januarius, an den Nordturm der Klosterkirche gebaut. In Sichtweite liegt auf einem grünen Hügel die gotische Walterichskirche, in der sich sein Grab befindet. In der Krypta der ehemaligen Stiftskirche Sankt Peter und Paul in* ***Öhringen*** *steht die Tumba Gräfin Adelheids, der Mutter des ersten salischen Kaisers Konrad II. Sie war hier 1241, 200 Jahre nach ihrem Tod, zum zweiten Mal beigesetzt worden.*

Info

Burg Maienfels: *Bei geöffnetem Tor kann der Burghof – auf eigene Gefahr – besichtigt werden, die Gebäude sind bewohnt. Führungen nach Vereinbarung möglich, Telefon (07945) 919921.*
Murrhardt, Walterichskapelle: *Sonntags geöffnet.* ***Walterichskirche:*** *Palmsonntag bis Kirchweihfest (Mitte Oktober) tagsüber zur stillen Andacht geöffnet.*

Portal der Walterichskapelle in Murrhardt

Markt und Stadt

Märkte waren Orte, an denen sich Kaufleute, Warenproduzenten und Verbraucher trafen, um Handelsgeschäfte abzuschließen. Auf dem Weg zur Stadtwerdung war die Etablierung eines Marktes ein wichtiger Schritt. In karolingischer und ottonischer Zeit gelang es den Königen, die Gründung von Märkten von ihrer Zustimmung abhängig zu machen. Das Marktrecht gehörte nun zu den Regalien, den Königsrechten, die verliehen werden konnten. Häufig war die Verleihung des Marktrechts mit der Vergabe weiterer Regalien wie dem Münzregal und dem Zollregal verknüpft. In der Regierungszeit Kaiser Ottos III. (996–1002) erhielten erstmals auch weltliche Herren das Recht, auf ihrem Grund und Boden Märkte einzurichten, zuvor war das Marktregal Bischöfen und Äbten vorbehalten.

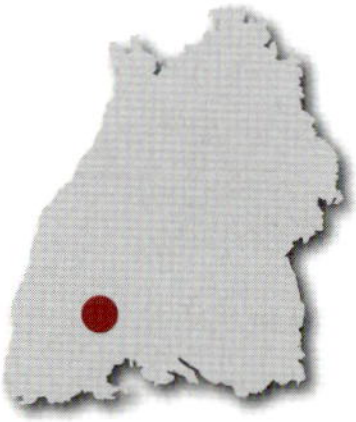

Villingen

Im Jahr 999 verlieh Kaiser Otto III. seinem Gefolgsmann, dem Thurgaugrafen Berthold, einem Vorfahren der Zähringer, das Markt-, Münz- und Zollrecht für Villingen. Es ist die älteste erhaltene Marktrechtsurkunde, die sich an einen weltlichen Herrn richtete. Villingen war zu dieser Zeit eine kleine ländliche Siedlung am östlichen Ufer der Brigach, die Fundamente der Dorfkirche vermutet man unter der heutigen Altstädter Kirche. Die Stadt Villingen entwickelte sich im Anschluss an die – nicht erhaltene – Burg auf dem »Käferbergle« am anderen Ufer der Brigach.

Märkte waren nicht nur für die allgemeine Wirtschaftsentwicklung einer Region förderlich, für den Marktherrn bedeuteten sie auch eine gute Einnahmequelle. In Vertretung des

Markt auf dem Münsterplatz in Villingen

Königs hatte er den Marktfrieden zu garantieren und die Infrastruktur zu stellen, durfte dafür aber Abgaben wie Marktzölle und Standgelder erheben. Bei einem florierenden Markt ein durchaus einträgliches Geschäft. Villingen lag relativ günstig an einem Zweig der südlichen Hauptroute über den Schwarzwald. Zudem waren die Silbererzvorkommen im nahen Schabenhausen wahrscheinlich schon damals bekannt und ein weiterer Grund für Berthold, sein Eigen Villingen aufzuwerten. Villinger Silbermünzen wurden spätestens ab etwa 1030 geprägt. Man fand sie im Ostseeraum bis ins Baltikum, ein Indiz, dass es Berthold und seinen Nachfolgern gelungen war, auch Fernhandelskaufleute anzusiedeln.

Welche Handelsgüter in Villingen umgeschlagen wurden, verzeichnen Zollordnungen des 13. Jahrhunderts: Vieh, Leder, Salz, Wein und Wollstoffe. In den Lauben entlang der Hauptstraßen und im Kaufhaus boten jedoch auch die Bauern der Umgebung und die städtischen Bäcker, Metzger, Schuhmacher und andere Handwerker ihre Waren feil. Über die Qualität des Warenangebots wachten der Marktrichter und die Beauftragten der Zünfte. Sie kontrollierten auch, ob richtig gewogen und gemessen worden war und sie setzten die Preise fest. Das Kauf-

Kanzel im Villinger Münster: Kreuzweg nach Golgatha

haus und die Verkaufslauben haben die Zeiten nicht überdauert, doch auf dem Münsterplatz findet nach wie vor jeden Samstag, in den Sommermonaten auch mittwochs, ein großer Markt statt. Wie im Mittelalter drängen sich dann entlang der Münstermauern die Verkaufsstände aneinander und geben ein farbenfrohes Bild.

Um 1130 wurde mit dem Bau des romanischen Münsters begonnen, aus dieser Zeit stammen die Gliederung des Langhauses, die Westfassade mit ihrem schönen Portal und das Doppelportal an der Südseite. Der hochgotische Chor wurde nach dem großen Stadtbrand von 1271 errichtet. Anfang des 18. Jahrhunderts erhielt das Kirchenschiff eine reiche Stuckdecke. Einzigartig ist die Steinkanzel (um 1510), deren Geländer in sorgfältiger Steinmetzarbeit den Kreuzweg nach Golgatha zeigt. Um 1300 gab es auf dem Münsterplatz auch schon ein Rathaus, Gebäudeteile stecken noch im »Alten Rathaus« von 1534. Charakteristisch für die Villinger Altstadt sind die schmalen, traufständigen Häuser, eines der ältesten ist das Steinhaus »Rabenscheuer« an der Ostseite des Münsterplatzes. Erhalten blieben auch weite Teile der Stadtmauer und drei der vier Stadttore. Im ehemaligen Franziskanerkloster wurde das Kulturzentrum der Stadt mit Konzertsaal und Museum eingerichtet.

Im Umkreis

Wohl für den Hochaltar im Villinger Münster wurde die »Dauchinger Madonna« geschaffen, die heute in der Kirche Sankt Cäcilie in ***Dauchingen*** *steht. Wertvolle Wandmalereien aus dem*

13. Jahrhundert bergen die Kapelle Sankt Marcus in ***Mistelbrunn*** *und die Pfarrkirche Sankt Mauritius in* ***Grüningen.*** *1471 ließ Graf Heinrich VI. von Fürstenberg die Entenburg in* ***Pfohren*** *erstellen, eine der ältesten eigens zur Jagd erbauten Burgen. 1507 war König Maximilian I. Gast und nahm an der Entenjagd teil. Um 1460 ließ Eberhard im Bart die Honburg über* ***Tuttlingen*** *errichten, den ersten württembergischen Festungsbau. Etwa drei Kilometer südlich von* ***Emmingen ab Egg*** *liegt neben dem Zeilenhof die »Zeilenkapelle« mit Wandmalereien des 15. Jahrhunderts. Im Ortsteil »Altstadt« in* ***Mühlheim an der Donau*** *bilden die Sankt-Gallus-Kirche mit ihren gut erhaltenen gotischen Wandmalereien, die Veitskapelle, das ehemalige Beinhaus und das Mesnerhaus ein hübsches Ensemble.*

Info

Villingen-Schwenningen, Franziskanermuseum:
Di–Sa 13–17 Uhr, So und Feiertage 11–17 Uhr.

Ursprünglich überragten die Türme das Dach der Entenburg in Pfohren.

Handel und Handelswege

Durch das heutige Baden-Württemberg führten im Mittelalter wichtige Fernhandelswege, in deren Schnittpunkt die Stadt Ulm lag: Eine Nord-Südachse verband die großen Wirtschaftszentren Flandern und Italien, über die Donau gelangte man nach Wien und Ofen (Budapest), nach Westen ging es über Reutlingen und den Schwarzwaldpass Kniebis nach Straßburg und weiter nach Frankreich und die »Meersburger Straße« führte über Konstanz in die Schweiz und weiter bis nach Spanien. Dazwischen wurde ein immer dichteres regionales Straßennetz geknüpft, das die neuen Marktorte und Städte verband. Zu den herausragenden Ingenieurleistungen zählten Brückenbauten wie die Konstanzer Rheinbrücke. Wer sich als Kaufmann am Fernhandel beteiligen wollte, brauchte viel Kapital, gute Kontakte zu Produzenten und Abnehmern und am besten unterhielt er einen eigenen Nachrichtendienst, der vor Fehden, Kriegen und anderen Unbilden warnte. Doch selbst dann blieb jeder Warentransport ein riskantes Unternehmen. Um Risiken besser absichern zu können, schlossen sich viele Kaufleute zu Handelsgesellschaften zusammen.

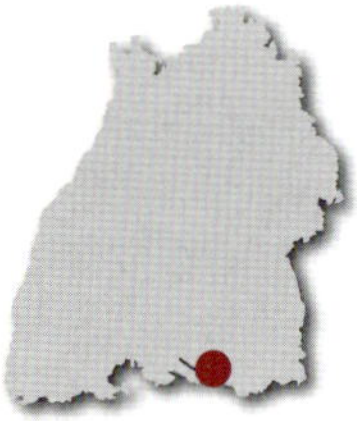

Meersburg

Die Geschichte der Stadt Meersburg am Bodensee beginnt mit dem Fährhafen. Er war eine Station an der »Meersburger Straße«, der Fernhandelsstraße Ulm–Ravensburg–Konstanz, die vermutlich von den Merowingern in der ersten Hälfte des 7. Jahrhunderts in Anlehnung an die alte römische Heerstraße angelegt worden war. Möglicherweise hatten die Merowinger zum Schutz der Fähre auch eine erste Burg errichtet, dazu fehlt jedoch ein archäologischer

Greth am Meersburger Hafen, darüber die Meersburg

Beweis. Für den Konstanzer Handel hatte der Hafen von Anfang an eine große Bedeutung. Im Jahr 1211 erwarb der Konstanzer Bischof den Zehnten im Umkreis der Meersburg, spätestens seitdem waren Burg und Siedlung in bischöflichem Besitz und blieben es bis 1802.

Die Bischöfe bauten Meersburg im Mittelalter zum wichtigsten Umschlagplatz des Konstanzer Warenverkehrs aus. 1233 verlieh König Heinrich VII. Bischof Heinrich von Tanne das Recht, in der Vorburg einen Markt einzurichten. Die Stadterhebung erwirkte 1299 Bischof Heinrich von Klingenberg. Zuvor hatte er die Vorburg nach Norden und Osten zur »Usserstadt« mit neuem Marktplatz erweitert und alle Stadtteile in die Befestigung mit Mauern, Türmen und Toren einbezogen. Führte die »Meersburger Straße« (die heutige Steigstraße) bisher an Burg und Vorburg vorbei, so mussten die Händler nun die Stadttore passieren, wenn sie zum See hinunter wollten – und Zoll entrichten.

Die grundlegendsten Veränderungen betrafen jedoch die Unterstadt. Durch Aufschüttung der Flachwasserzone wurde, wie zur gleichen Zeit am Konstanzer Fischmarkt, ein künstliches Marktviertel mit neuem Stapelplatz geschaffen. Der Ankerplatz der Schiffe lag zwischen »Wildem Mann« und dem Hotel »Schiff«,

Die rustikale Burgküche in der Meersburg

damals Sitz des Konstanzer Domkapitels. Erst 1498 bis 1506 wurde das schöne Grethgebäude weiter östlich als Umschlagplatz für Waren aller Art, vorzugsweise Wein, Textilien und Getreide, gebaut. Mit der topografischen Umgestaltung ging die Trennung von Nah- und Fernhandel einher. Während der Fernhandel in der Unterstadt am See abgewickelt wurde, blieb der eigene Markt auf dem Marktplatz für die Meersburger Bürger und die Bauern der Umgebung bestehen. Außer dem Mittwochsmarkt gab es noch den Krämermarkt und zwei Viehmärkte im Jahr.

Dass die Meersburg, das Tüpfelchen auf dem i der malerischen Altstadtsilhouette, erhalten blieb, ist Freiherr Joseph von Laßberg zu verdanken, der die Burg 1838 kaufte und vor dem Abriss bewahrte. Ein Rundgang ist unbedingt empfehlenswert, angefangen bei der Dürnitz, dem beheizbaren Aufenthaltsraum der Wachleute, die den Eingang der Burg zu verteidigen hatten, und dem großen Saal im Palas. Vom Burggärtlein aus bietet sich ein phantastischer Blick über den See auf die Schweizer Alpen. Fast steigt noch der Duft der Speisen in die Nase, die einst die rustikale Burgküche verließen: Suppe mit gesottenem Fleisch, knusprige Braten und Knöpfle aus Dinkelmehl, verschiedenes Mus, Pfannkuchen, Käse, Trauben, Brot und viel Wein, mit Honig gesüßt und mit Gewürzen wie Ingwer, Salbei, Rosmarin, Flieder und Safran verfeinert.

Pfarrkirche Mariä Himmelfahrt in Eriskirch

Im Umkreis

In der spätgotischen Pfarrkirche Mariä Himmelfahrt in ***Eriskirch*** *sind Glasmalereien im Chor sowie Wandmalereien der seeschwäbischen Schule aus dem frühen 15. Jahrhundert erhalten, darunter die seltene Darstellung einer Hostienmühle.*

Info

Meersburg, Altes Schloss: *März–Oktober 9–18.30 Uhr, November–Februar, 10–18 Uhr letzter Einlass 30 Minuten vor Schließung, Telefon (0 75 32) 8 00 00.*

Überlingen

Die Reichsstadt Überlingen besaß aufgrund ihrer idealen Lage im Mittelalter den größten Getreidemarkt am Bodensee. Auf guten Straßen konnte das Getreide aus den fruchtbaren Anbaugebieten im Hinterland in die Stadt und zur Greth, dem Umschlagplatz für Getreide, Salz und Wein, gebracht werden. Das Getreide wurde an der Nordseite des Kaufhauses angeliefert, auf der Südseite auf Schiffe umgeladen und über den See weitertransportiert.

Im Mittelalter Umschlagplatz für Getreide: die Greth in Überlingen

Zielpunkte waren die getreidearmen Gebiete in der nördlichen Schweiz und in Vorarlberg. Auch der Weinort Überlingen selbst brauchte Getreide für seine Bürger, das in der Greth gelagert wurde. Überlinger Wein wurde im Gegenzug nach Oberschwaben und ins Allgäu geliefert. Nah- und Fernhandel waren in Überlingen nicht räumlich, sondern zeitlich getrennt. Der Wochenmarkt war den Einwohnern der Stadt vorbehalten, erst nach dem Läuten der Grethglocke begann der Händlermarkt.

1997/98 wurde die Greth umfassend renoviert, dabei fand man Fundamente und Mauerreste eines Vorgängerbaus aus der Zeit der Stadtgründung durch Kaiser Friedrich I. Barbarossa. Schon im 12. Jahrhundert hatte Überlingen durch Getreidehandel und Weinbau eine erste Blüte erlebt. Mitte des 13. Jahrhunderts gehörte die Stadt zu den reichsten in Oberschwaben. Früher als das große Kaufhaus in Konstanz, das »Konzilsgebäude«, wurde 1382 die Überlinger Greth neu erbaut. Von ihr zeugt noch die mächtige Holzkonstruktion, die man in der neuen Markthalle im Ostteil der Greth sehen kann. Das heutige Gebäude mit seiner barocken Fassade ist geprägt vom Umbau 1787/88 unter dem Baumeister Franz Anton Bagnato.

Wie die Lastensegler aussahen, die im Mittelalter Waren aller Art über den Bodensee transportierten, weiß man seit 1991, als am Strand von Immenstaad ein Schiff aus der Zeit um

1325/1350 geborgen werden konnte. Eigens für die Präsentation des wertvollen Fundes erhielt das Archäologische Landesmuseum in Konstanz einen neuen Anbau. Einen etwas moderneren Schiffstyp repräsentiert die Lädine, mit der man in den Sommermonaten ab Überlingen, Langenargen und Immenstaad in See stechen kann.

Dem Schutzpatron der Schiffer und Händler, dem heiligen Nikolaus, ist das fünfschiffige spätgotische Überlinger Münster mit seiner prächtigen Renaissanceausstattung geweiht. Mittelalterliche Glanzpunkte der Stadt sind zudem das prächtige Geschlechterhaus der Reichlin von Meldegg, das am Ende des Mittelalters gebaut wurde und heute das Städtische Museum beherbergt, das Rathaus aus dem 14. Jahrhundert und etliche Wohnhäuser des 15. Jahrhunderts.

Im Umkreis

Die Kapelle Sankt Silvester in ***Goldbach*** *ist eine typische Dorfkirche aus der Zeit um 1000, ein einschiffiger Saalbau mit Rechteckchor und Vorhalle. Die qualitätvollen Wandmalereien sind stilistisch mit den Fresken in Reichenau-Oberzell verwandt und zeigen, dass selbst kleine Kirchen aufwändig gestaltet wurden.* ***Engen,*** *in Spornlage über der Kreuzung der Fernhandelsstraßen Schaffhausen–Cannstatt und Innsbruck–Freiburg gelegen, war im Mittelalter der zentrale Markt- und Kirchenort des Hegaus.*

Die Lädine, Nachbau eines mittelalterlichen Lastschiffs

Eine der ältesten Dorfkirchen hierzuland: Sankt Silvester in Goldbach

Info

Überlingen, Städtisches Museum, *Krummebergstraße 30: Di–Sa 9–12.30 Uhr und 14–17 Uhr (wenn Montag Feiertag, dann Dienstag geschlossen!), von April–Oktober zusätzlich So und Feiertage 10–15 Uhr, Telefon (0 75 51) 99 10 79.*
Die ***Lädine*** *fährt ab Immenstaad, Überlingen und Langenargen. Aktuelle Abfahrtszeiten unter Telefon (0 75 45) 90 17 79 oder im Internet unter www.laedine.de*

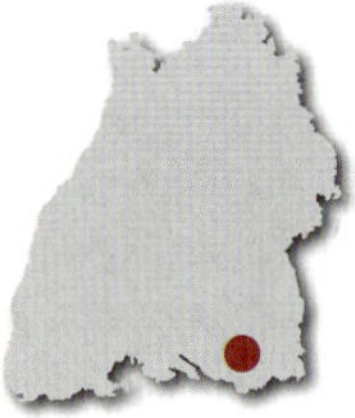

Ravensburg

In der Reichsstadt Ravensburg hatte die Große Ravensburger Handelsgesellschaft ihren Sitz. Sie war um 1380 von drei miteinander verschwägerten, vermögenden Kaufmannsfamilien gegründet worden, den Humpis aus Ravensburg, den Mötteli aus Buchhorn (heute Friedrichshafen) und den Muntprat aus Konstanz. Um 1530 löste sie sich wieder auf. Ihren Namen erhielt sie allerdings erst im 19. Jahrhundert, zeitgenössisch führte sie keine feste Bezeichnung. Ziel der Gesellschaft war es, modern ausgedrückt,

Synergieeffekte zu erzielen und Risiken zu minimieren. Die Zahl der Gesellschafter, die man »Gesellen« nannte, stieg kontinuierlich, das Handelsunternehmen verzweigte sich in den folgenden Jahrzehnten im gesamten Bodenseeraum bis in die heutige Schweiz. »Geliegerec«, Außenstellen, waren in Venedig, Mailand, Genua, Valencia, Saragossa, Barcelona, Lyon, Genf, Brügge, Antwerpen, Frankfurt, Nürnberg, Breslau und Ofen (Budapest) eingerichtet worden.

Die Handelsherren waren mobil, nur die drei »Regierer«, die an der Spitze der Gesellschaft standen, sollten in Ravensburg wohnen. So besuchten die Hauptversammlung 1497 lediglich 15 Gesellen, die anderen 23 waren auf Reisen oder arbeiteten in den auswärtigen Geliegern. Unterwegs war man in der Regel per pedes. Einem Patriziersohn aus Lindau, der ein Pferd einforderte, beschied die Gesellschaft ungerührt: »Es sind ebenso gute Herren wie du zu Fuß gegangen.« Reisekleidung stellte die Gesellschaft, der Schuhverschleiß war riesig. Der Geselle Lutz Gessler ruinierte in zwei Jahren 46 Paar Schuhe und zwei Paar

Ravensburg: Waaghaus und Blaserturm. Im Hintergrund das Lederhaus, einst Markthaus der Schuhmacher, Gerber, Sattler, Kürschner und Gürtler

Stiefel, Heinz Wyer verschliss in knapp drei Jahren immerhin 22 Paar Schuhe, vier Paar Winterstiefel mit doppelten Sohlen und ein Paar Wanderschuhe. Lastenträger über Berg und Tal waren die geduldigen Maulesel. War man an einem der Häfen angekommen, wurden die Waren auf Schiffe verladen. Exportgüter waren in erster Linie die oberschwäbische Leinwand und Barchent sowie Metalle und Metallprodukte, importiert wurden unter anderem Baumwolle, Gewürze und Spezereien, spanischer Safran und Zucker – die Handelsgesellschaft betrieb bei Valencia eine eigene Zuckerfabrik.

In Ravensburg erinnert heute noch das »Humpisquartier«, einst Familiensitz der Humpis, an die große Zeit der Handelsgesellschaft. Zurzeit werden die sieben Gebäude, die sich um einen Innenhof gruppieren, gründlich saniert, ab 2009 wird hier das neue städtische Museum zur Beschäftigung mit Geschichte einladen. Das Waaghaus wurde 1498 als Kaufhaus errichtet, im Erdgeschoss befanden sich die Stadtwaage und die Münze. Der anschließende Blaserturm war vor der Stadterweiterung Teil der Stadtbefestigung. Auch das Rathaus mit den schönen spätgotischen Ratssälen ist mit dem Namen Humpis verknüpft, die Familie stellte 77-mal den Bürgermeister und Stadtammann. Getreide wurde im Kornhaus von 1451/52 gehandelt. Dass in Ravensburg Wein angebaut wurde, beweist der »Burghaldentorkel« am Philosophenweg, eine imposante mittelalterliche Weinpresse. Zu den Pächtern der Weinberge an der Burghalde gehörten die Humpis und die Mötteli.

Im Umkreis

Das Alamannenmuseum im Kornhaus in ***Weingarten*** *zeigt bedeutende Funde aus einem zwischen Ravensburg und Weingarten gelegenen alamannischen Reihengräberfeld. Einen seltenen Schatz birgt die in Rokokoformen umgestaltete Pfarrkirche Sankt Johann in* ***Baindt:*** *ein frühgotisches, mit Alabaster verglastes Gruppenfenster. Auf der höchsten Erhebung Oberschwabens thront die* ***Waldburg****, die Stammburg der Truchsessen von Waldburg. In der Pfarrkirche Sankt Peter in* ***Bad Waldsee*** *befindet sich das bedeutende Bronzegrabmal Georgs I. Truchsess von Waldburg (gestorben 1467).*

Info

Weingarten, Alamannenmuseum im Kornhaus, *Karlstraße 28: Di–So 15–17 Uhr, Do 15–18 Uhr, während Kunstausstellungen auch So 10–12 Uhr, Telefon (07 51) 40 51 25.*

Im Alamannenmuseum in Weingarten

Handwerk und Zünfte

Das Handwerk differenzierte sich in den Städten des Hoch- und Spätmittelalters immer mehr aus, die Zahl der Berufe nahm stetig zu. Um berufsständische Interessen zu wahren, schlossen sich Handwerker zu Zünften zusammen, an deren Spitze der Zunftmeister stand. Zunftordnungen regelten die Ausbildung und legten die Arbeitsbedingungen fest. Die Zünfte verstanden sich jedoch auch als religiöse und karitative Bruderschaften, stifteten Altäre, verehrten ihre Zunftheiligen und halfen in Not geratenen Zunftmitgliedern. In einigen Städten erkämpften sich die Zünfte schließlich die Beteiligung an der Stadtregierung.

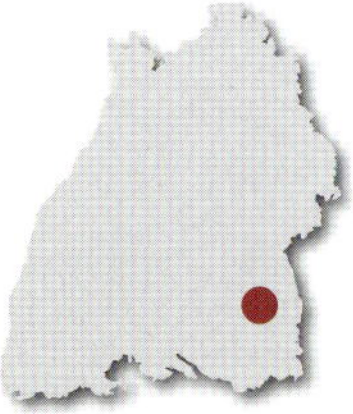

Biberach an der Riß

Zu den wenigen erhaltenen mittelalterlichen Zunftsiedlungen Deutschlands zählt der Weberberg in Biberach an der Riß. Unter den sieben Zünften der Reichsstadt stellten die Weber die größte Gruppe. Im 14. Jahrhundert kam Barchent auf, ein Mischgewebe aus Baumwolle und Leinen, das weicher und bequemer zu tragen war als Leinen und durch den Baumwollanteil gut wärmte. Die Umstellung auf die neuen Webstühle stellte die Weber zwar vor eine große Herausforderung, doch der Erfolg gab ihnen Recht, »Biberacher Barchent« wurde zu einem Markenprodukt und fand reißenden Absatz.

Großen Anteil am Erfolg hatten die Kaufleute, die als Verleger den Webern italienische Baumwolle lieferten, zusammen mit den Zünften und der Stadtobrigkeit Qualitätsstandards festlegten und die fertige Ware zu festen Bedingungen abnahmen und vertrieben. Die Kehrseite war die wachsende Abhängigkeit der Weber vom Verlag. In Biberach war es die Handelsgesell-

Biberach: der Marktplatz mit dem Turm der Martinskirche

schaft Weißhaupt-Schreiber-Dittmarschen, die sich hauptsächlich dem Barchenthandel widmete. Doch auch die Ravensburger Handelsgesellschaft mischte mit. Der Biberacher Kaufmann Hans von Brandenburg hatte eine Tochter des Jos Humpis geheiratet und war Geselle geworden. 1510 errichtete die Ravensburger Handelsgesellschaft eine Faktorei in der Stadt. Geliefert wurde »Biberacher Barchent« bis nach England und Spanien.

Um 1500 standen in Biberach, das etwa 3000 Einwohner zählte, 400 Webstühle. Die Weber arbeiteten täglich oft mehr als zehn Stunden in den halbunterirdischen, feuchten und ungeheizten »Dunken«, in denen das Garn geschmeidig blieb und leichter verarbeitet werden konnte. Zudem webten sie barfuß, um die Tritte der Webschäfte besser fühlen zu können. Weben war laut, näherte man sich dem Weberberg, so hörte man schon von weitem das rhythmische, helle Schlagen des Holzes beim Heben und Senken der Kettfäden. An einigen Häusern sieht man noch die ebenerdigen Klappläden vor den Steintreppen, die zu den Weberdunken führten. Von der Dunke konnte der Weber durch eine Bodenluke die Wohnräume im Erdgeschoss erreichen.

In die Grundlagen des Flachsens, Spinnens und Webens führt das Webermuseum in der Zeughausgasse 4 ein. Das ursprünglich strohgedeckte Fachwerkhaus ist selbst ein Kulturdenk-

Handwerkerhäuser am Weberberg in Biberach. Rechts: »Saulgauer Kruzifixus«

mal. Als 1318 mit dem Bau begonnen wurde, stand noch keines der Gebäude, die die Stadtsilhouette Biberachs bis heute prägen: Die gotische Martinskirche mit ihrem hoch aufragenden Turm wurde »erst« zwischen 1337 und 1366 errichtet, das alte Rathaus, ein typischer alemannischer Fachwerkbau, in dessen Obergeschoss die Barchentschau, die Qualitätsprüfung der Stoffe, stattfand, stammt aus dem Jahr 1432 und der Weiße Turm der Stadtbefestigung wurde sogar erst 1484 vollendet. Auch die schönen gotischen Patrizierhäuser am Marktplatz mit ihren barocken Fassaden sind einige Jahre jünger. Der größte mittelalterliche Gebäudekomplex der Stadt, das Spital zum Heiligen Geist, beherbergt das Braith-Mali-Museum, das in seiner stadtgeschichtlichen Abteilung auch auf die Geschichte des Weberhandwerks eingeht.

Im Umkreis

Die Pfarrkirche Sankt Johannes Evangelist in ***Ummendorf*** *besitzt eine Hans Multscher zugeschriebene Madonna und einen Palmesel von 1490. Im* ***Oberschwäbischen Museumsdorf Kürnbach*** *ist das »Haus Wolfen«, ein Schuhmacherhaus von 1499, zu besichtigen. Die Kreuzkapelle am Südrand* ***Bad Saulgaus*** *birgt das bedeutendste Kunstwerk der Stadt, den »Saulgauer Kruzifixus«, ein romanisches, lombardisch beeinflusstes Großkreuz aus der Zeit um 1170, entstanden im oberschwäbischen Raum. In der Seitenkapelle* *(ehemals Chor) von Sankt Peter und Paul in **Kappel** finden sich Wandmalereien um 1100 im Stil von Reichenau-Niederzell: Fragmente der in Arkaden sitzenden Apostel, die Darstellung eines harfespielenden David sowie Maiestas Domini.*

Info

***Bad Schussenried, Oberschwäbisches Museumsdorf Kürnbach:** April und Oktober Di–Sa 10–17 Uhr, So und Feiertage 11–17 Uhr, Mai bis September Di–Sa 9–18 Uhr, So und Feiertage 11–18 Uhr, Telefon (07583) 2448 oder (07351) 52203.*

***Biberach, Webermuseum,** Zeughausgasse 4: Mi, Sa und So 10–12 Uhr und 14–17 Uhr, Telefon (07351) 51331. **Braith-Mali-Museum,** Museumstraße 6: Di, Mi, Fr 10–13 Uhr und 14–17 Uhr, Do 10–13 Uhr und 14–20 Uhr, Sa und So 11–18 Uhr. Ostermontag, Pfingstmontag, 1. November und 26. Dezember 11–18 Uhr. 1. Januar, Fasnachtsdienstag, Karfreitag, Schützendienstag (im Juli), 24., 25. und 31. Dezember geschlossen.*

Weinheim

Wies die Geräuschkulisse den Weg ins Weberviertel, so brauchte man früher auf der Suche nach dem Gerberquartier nur seiner Nase zu folgen. Zum »Naserümpfen« bestand in Weinheim an der Bergstraße dennoch keine Veranlassung, das Gerberviertel war das reichste unter den acht Stadtvierteln, die Gerbermeister gehörten zu den angesehensten Bürgern. Heute ist das Gerberbachviertel in seiner Geschlossenheit ein Kulturdenkmal ersten Ranges und mit seinen engen Gassen, den alten Fachwerkhäusern und der Gerberbach, die im großen Bogen durch das Viertel fließt, der malerischste Teil Weinheims. Von der Oberstadt mit ihrem baumbestandenen Marktplatz und dem Kurpfälzischen Schloss ist das tiefer liegende Gerberbachviertel durch eine mächtige Stützmauer geschieden, steile Staffeln und die Judengasse verbinden die Stadtbereiche.

In Weinheim hatten sich Rot- und Weißgerber angesiedelt. Während die Rotgerber aus Rinderhäuten das härtere Leder

Weinheim: ehemalige Werkstattgebäude der Gerber

für Schuhe, Sättel und Zaumzeug herstellten, verarbeiteten die Weißgerber vor allem Felle von Kälbern, Ziegen, Schafen, Rehen und Hirschen zu weicherem, geschmeidigerem Leder. Als Gerbstoff verwendeten die Rotgerber die so genannte Lohe, Eichen- oder Fichtenrinde, die im nahen Odenwald in »Schälwäldern« gewonnen und in der Lohmühle an der Weschnitz gemahlen wurde, die Weißgerber Alaunsalz. Die Lohe färbte das Leder rötlich, Alaun ergab eine helle, weißliche Farbe. Unverzichtbar für beide Handwerke war fließendes Wasser, deshalb lagen ihre Werkstätten direkt an der Gerberbach.

Der Beruf des Gerbers erforderte die Bereitschaft zu harter körperlicher Arbeit und eine robuste Gesundheit. Bis aus einer Tierhaut Leder wurde, verging etwa ein Jahr. Zunächst wurden die grünen, also frischen Häute mehrere Tage im Bach eingeweicht und gereinigt. Dabei hatten die Gerber höllisch aufzupassen, dass ihnen »die Felle nicht davonschwammen«. Im nächsten Arbeitsschritt kamen die Häute in die Wasserwerkstatt, die im Erdgeschoss der Gerberhäuser lag. Um die Haare zu lockern, wurden die Häute in große Bottiche gelegt, die mit einer Lauge aus gebranntem Kalk oder Holzasche gefüllt waren. Anschließend entfernte man auf dem Scherbaum die Ober- und Unterhaut mit dem Scherdegen. Die mittleren Häute, die Blößen, wurden nochmals im Bach gespült, dann erst begann das eigentliche Gerben. Die Rinderhäute kamen in die Lohgruben, wobei die Konzentration der Lohe in mehreren Gerbgängen erhöht wurde. Um feines Leder zu erhalten, mussten die Häute während dieses Prozesses, der je nach Dicke der Häute bis zu einem Jahr dauern konnte, ständig bewegt und getreten werden. Die Weißgerber hatten es etwas leichter, sie gerbten die Häute in Bottichen mit Alaun, was nur etwa drei Monate dauerte. Danach wurden alle Lederhäute noch einmal im Bach gespült und anschließend auf dem Trockenboden im Obergeschoss der Gerberhäuser zum Trocknen aufgehängt.

Die vermögenderen Rotgerber bildeten in Weinheim eine eigene Zunft, in ihrer Hand lag auch der Lederhandel. Die Weißgerber hatten sich dagegen mit den Säcklern, zu denen auch die Hutmacher und Sattler gehörten, zusammengeschlossen. Der Name Säckler kommt von den Geldsäcken, den Geldbörsen des Mittelalters, die in verschiedenen Größen hergestellt wurden. Für Kaufleute fertigte man »Geldkatzen«, die der größeren Sicherheit wegen wie ein Gürtel um den Leib getragen werden konnten. Zum Sortiment gehörten zudem Lederhosen, Handschuhe, Ranzen und vieles mehr, oft verziert mit Stickereien und Steppnähten. Die Säckler hatten in der Regel keine extra Werkstatt, sondern arbeiteten in der Wohnstube, in der die ganze Familie lebte. Mit ihrer Ware gingen sie selbst auf die Märkte und holten sich dort auch Anregungen für neue Produkte.

Im Umkreis

Burg Windeck*, eine der ältesten Burgen an der Bergstraße, bietet einen herrlichen Blick über Weinheim und die Rheinebene.*

Häuserzeile an der Gerberbach in Weinheim

Bergbau, Silber, Salz

Silber und Salz gehörten zu den begehrtesten Bodenschätzen des Mittelalters. Der Silberbergbau erhielt durch den Aufschwung der Märkte und die wachsende Bedeutung der Geldwirtschaft seit der Karolingerzeit entscheidende Impulse, denn Silber war nach der Münzreform Karls des Großen für lange Zeit das einzige Münzmetall. Goldmünzen wurden erst wieder seit dem 13. Jahrhundert geprägt. Im Südschwarzwald setzte der Silberbergbau wahrscheinlich schon im 9. Jahrhundert ein, für die Zeit um 950 lässt er sich archäologisch belegen. Die älteste schriftliche Aufzählung von Silbererzvorkommen findet sich in einer Urkunde Kaiser Konrads II. von 1028. Salz, das »weiße Gold«, war weit mehr als ein Gewürz, für die Konservierung verderblicher Lebensmittel wie Fisch und Fleisch war es unverzichtbar. Wohl dem Landesherrn, der eine Silbermine oder eine Salzlagerstätte sein Eigen nennen durfte.

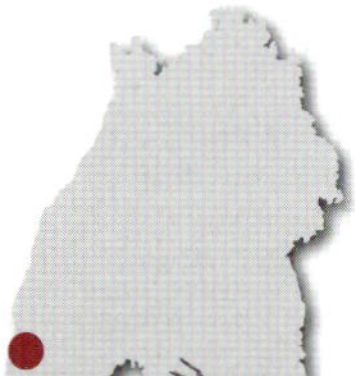

Sulzburg

Die alte, ehedem pulsierende Bergbaustadt im Markgräfler Land ist heute ein verträumtes Weinstädtchen am Rande der großen Touristenströme und gerade deshalb so anziehend. Vom Bergbau alter Zeiten sind im Gelände östlich der Stadt immer noch Relikte wie Verhaue, verstürzte Schächte, Stollen und Halden zu entdecken, ein Wanderweg mit Schautafeln erläutert die historischen Stätten. Einblicke in die Arbeitswelt der Bergleute von der Steinzeit bis in unsere Zeit gewährt das Landesbergbaumuseum Baden-Württemberg in der ehemaligen Stadtkirche. Zu sehen sind Groß- und Kleingeräte, vor allem aber die Bodenschätze, die aus Bergwerken des ganzen Landes zusammengetragen wurden.

In ottonischer Zeit erbaut: Sankt Cyriak in Sulzburg

Grundlage des mittelalterlichen Bergbaus im Sulzbachtal waren die reichen Blei-Silber-Erzgänge, gefunden wurden aber auch Kobalt- und Antimonerze, Salz und Edelsteine.

Vermutlich wurde Silbererz bereits gefördert, als der Breisgaugraf Birchtilo (Berthold I.) ein Eigenkloster im Sulzbachtal gründete und zu seiner Grablege bestimmte. 993 ist das Monasterium erstmals in der schriftlichen Überlieferung fassbar, schon wenige Jahre später wurde es in ein Benediktinerinnenkloster umgewandelt. Die Klostergebäude stehen nicht mehr, doch die Kirche Sankt Cyriak blieb erhalten – als einzige der Klosterneugründungen des 10. Jahrhunderts. Die dreischiffige Pfeilerbasilika, die ursprünglich Ost- und Westchor besaß, zählt zu den bedeutendsten Kirchenbauten aus ottonischer Zeit. Mächtige Treppenstufen führen in den höher gelegenen östlichen Chorraum. Die darunter liegende Krypta stammt aus dem frühen 11. Jahrhundert, ebenso der Turm, der damals anstelle des Westchores errichtet wurde. Nach der Instandsetzung und der Rekonstruktion der Seitenschiffe in den 1960er-Jahren steht die Kirche heute fast wieder da wie zu Birchtilos Zeiten.

Das Landesbergbaumuseum in Sulzburg

Im Umkreis

Etwa zur gleichen Zeit wie die Sulzburger Kirche wurde die »Glöcklehofkapelle« Sankt Ulrich in ***Bad Krozingen*** *gebaut, eine der wenigen erhaltenen ländlichen Kleinkirchen. Der Saalbau mit tonnengewölbtem Chor bewahrt Wandmalereien in Seccotechnik, die spätestens 1050 entstanden sind und an Reichenauer Buchmalereien erinnern. Nur über Bollschweil ist* ***Sankt Ulrich*** *zu erreichen. Im Freien vor der Klosterkirche steht eine tonnenschwere Brunnenschale aus rotem Sandstein, geschmückt mit einem ringsum laufenden Bogenfries mit Reliefﬁguren, vermutlich ein Geschenk Wilhelms von Hirsau (gestorben 1091) an seinen Freund, den Klostergründer Ulrich. Die Wandmalereien im Chor der evangelischen Kirche in* ***Badenweiler*** *stammen aus der Turmhalle des Vorgängerbaus. Sie zeigen die »Legende von den drei Lebenden und den drei Toten« (zweite Hälfte 14. Jahrhundert), ein Motiv, aus dem sich später der »Totentanz« entwickelte.*

Info

Sulzburg, Landesbergbaumuseum *in der ehemaligen evangelischen Stadtkirche am Marktplatz: Di–So 14–17 Uhr, Telefon (0 76 34) 56 00 40.*

Münstertal und Schauinsland

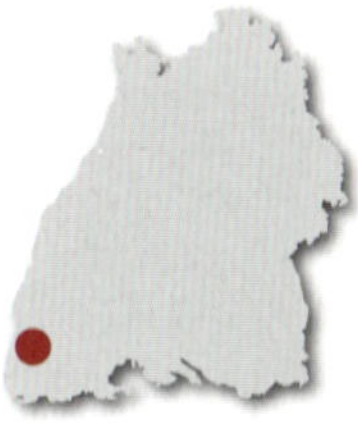

Wo sich heute im reizvollen, von Neumagen, Talbach und Muldenbach durchzogenen Münstertal weit verstreute Einzelhöfe und Weiler zur gleichnamigen Gemeinde zusammenfügen, erhob sich im Mittelalter unterhalb des Klosters Sankt Trudpert die Stadt Münster, eine »richtige« Bergstadt mit Mauer, Türmen und Toren und einer Wasserburg, gegründet im späten 12. oder frühen 13. Jahrhundert. Die Geschichte der Stadt, in der sich auch Freiburger Familien angesiedelt hatten, ist eng mit den Silbererzvorkommen im Münstertal verbunden, die ihr einigen Wohlstand, aber auch Streit und Kriegshändel einbrachten. Am Ende des Mittelalters lebten vermutlich 500 bis 1000 Bergleute und »Bergverwandte« in Münster. In zahlreichen Schmelzöfen wurde das Erz aus den verschiedenen Gruben verarbeitet, in der Münze das gewonnene Silber gleich geprägt. Einen Teil des Rohsilbers bezog die Freiburger Münze und prägte daraus den

Schaubergwerk Teufelsgrund in Münstertal

Zeidler im Bienenkundemuseum in Münstertal. Rechts: Gerichtslinde in Schönau im Schwarzwald

Freiburger Rappen. Der Freiburger Silberhandel mit eigener Münze wurde in der Folge zur großen Konkurrenz für Münster, das immer mehr an Bedeutung verlor. Bauernkrieg und Dreißigjähriger Krieg taten ihr Übriges und brachten den Silberbergbau zum Erliegen. Als Stadt erscheint Münster letztmalig 1539 in einer Urkunde, danach nahm die Siedlung dörflichen Charakter an. Im 18. und 19. Jahrhundert wurde im Münstertal nach Blei und Kupfererz geschürft, im 20. Jahrhundert Flussspat abgebaut.

Mit der Eröffnung des Schaubergwerks Teufelsgrund 1970 knüpfte die Gemeinde Münstertal an die alte Bergbautradition an. Begehbar ist der Friedrichsstollen, der erst in jüngerer Bergbauzeit angelegt wurde. Er reicht aber bis an einen Stollen aus dem 14. Jahrhundert heran, der, wie die Schlagspuren im Felsen deutlich zeigen, mit Eisen und Schlegel aus dem Berg gehauen wurde. Zwei bergbaugeschichtliche Wanderwege erschließen zudem die vielen Spuren, die der Bergbau in der Landschaft des Münstertals hinterlassen hat.

Das Tal des Neumagen führt hinauf zum Freiburger Hausberg Schauinsland, dem »Erzkasten« des Südschwarzwalds. Das dortige Erzrevier, das größte im Schwarzwald, grenzt unmittelbar an das im Mittelalter noch zum Kloster Sankt Trudpert gehörende Gebiet am Stohren an. Eine gute

Portion Abenteuerlust, vor allem aber festes Schuhwerk und warme, strapazierfähige Kleidung sind von Nöten, will man ins Museumsbergwerk einfahren. Auf der großen Tour geht es über bis zu sechs Meter lange Leitern in die Tiefe, doch Wagemutige werden belohnt mit einmaligen Einblicken in 800 Jahre Bergbaugeschichte. So kann man am rissigen Gestein erkennen, wo die Bergleute des Mittelalters »Feuer setzten«, das Gestein erhitzten und mit Wasser abkühlten, um es aufzusprengen. Für alle, die einen bequemen Einstieg ohne Leitern vorziehen oder mit Kindern unterwegs sind, ist die Familienführung das Richtige.

Im Umkreis

Honig war der wichtigste Süßstoff des Mittelalters, Wachs benötigte man für die Herstellung von Kerzen. Im Bienenkundemuseum in ***Münstertal-Obertal*** *erfährt man unter anderem, wie die Zeidler, die Honigsammler, ihr Handwerk ausübten. Im »Glasbläserhof« in* ***Todtnau-Aftersteg*** *wird historisch getreu gezeigt, wie schon vor Jahrhunderten Glas hergestellt wurde. Gericht hielt man im Mittelalter und noch bis weit in die Neuzeit hinein im Freien, unter der großen Gerichtslinde in* ***Schönau im Schwarzwald*** *wurde 1737 das letzte Urteil gefällt.*

Info

Freiburg, Besucherbergwerk Schauinsland. *Vom großen Gipfelparkplatz aus in fünf Minuten Gehzeit zu erreichen, Besichtigung nur mit Führung: Mai–Juni und 16. September bis 1. November Mi, Sa, So und Feiertage 11, 11.30, 12.30, 13.30, 14, 14.30 und 15.30 Uhr. Juli–15. September, Mo, Di, Do und Fr 11.30, 12.30, 13.30, 14.30 und 15.30 Uhr Mi, Sa und So 11, 11.30, 12.30, 13.30, 14, 14.30 und 15.30 Uhr. Telefon (0761) 26468.*
Münstertal-Mulden, Besucherbergwerk Teufelsgrund. *An folgenden Tagen von 14–17 Uhr: April bis 14. Juni und 16. September bis Oktober Di, Do, Sa und So. 15. Juni bis 15. September Di bis So. November Sa und So. Telefon (07636) 70750 oder 1450.*
Münstertal-Obertal, Bienenkundemuseum: *Mi, Sa, So und Feiertage 14–17 Uhr, Telefon (07636) 791105.*

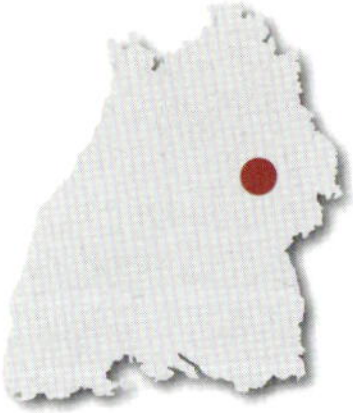

Schwäbisch Hall

Salz stand am Anfang der Geschichte der Stadt Hall und Salz bildete über Jahrhunderte hinweg ihr wirtschaftliches Rückgrat. Ein Rundgang durch Schwäbisch Hall sollte folglich am tiefsten Punkt der Stadt beginnen, am »Haalbrunnen«, der Quelle des Haller Reichtums. Hier tritt Sole, salzhaltiges Wasser, an die Oberfläche. Ursprünglich war der Haalplatz eine Insel zwischen zwei Kocherarmen, erst in staufischer Zeit wurden die Salzgewinnungsanlagen durch die Zuschüttung des östlichen Kocherarms an das Handwerker- und Handelsquartier angebunden, das sich den Hang hinaufzog.

Rund um den Salzbrunnen standen die Haalhäuser, in denen in eisernen Pfannen die Sole, die man aus dem Brunnen schöpfte, zu reinem Salz »gesotten« (verdampft) wurde. Der Energiebedarf für die Siedeöfen war enorm, er wurde mit Holz aus den Limpurger Bergen gedeckt, das herangeflößt und zu riesigen Stößen auf dem Haalplatz zum Trocknen aufgeschichtet wurde. Bei einem Jahresverbrauch von 130 000 Kubikmetern Holz war das Schwerstarbeit, nicht minder das Salzsieden, der Hitze und der schweren Pfannen wegen. Nahe dem Haal standen die Häuser der Salzsieder und der Handwerker. Nur das Haalamt, der alte Sitz der Selbstverwaltung der Salzsieder, steht noch. Der Haalschreiber erfüllt dort heute noch eine wichtige Aufgabe: Er

Schwäbisch Hall: Hallamt und Sulferturm

Am Haalbrunnen beginnt die Geschichte der Stadt Hall.

verwaltet die Renten der erbberechtigten Sieder, die 1804, als die Krone Württemberg die Saline übernahm, ihre Eigentumsrechte verloren hatten und mit »ewigen Renten« entschädigt wurden. Die Renten werden heute noch vom Land Baden-Württemberg gezahlt. Durch den Torbogen des Sulverturms, die Furt durch den Fluss, über den Steinernen Steg und die untere Herrngasse entlang verließen die Salzfuhrwerke im Mittelalter die Stadt. Das Salz wurde auf die großen Märkte in Nürnberg und Frankfurt und bis ins Elsass gebracht. Die Ladung auf dem Rückweg war Wein, die zweite große Einnahmequelle für Hall. Die dritte war die »Münze«, der Haller »Heller« war in ganz Europa verbreitet.

Die prosperierende Wirtschaft erlaubte den großzügigen Ausbau der Stadt. Mitte des 12. Jahrhunderts erhielt sie Mauern, Türme und Tore, einen neuen Marktplatz, um den sich die Häuser der staufischen Ministerialen, des Stadtadels und der Geistlichkeit gruppierten, und die romanische Michaelskirche. Von ihr blieb der Westturm, Kirchenschiff und Chor wurden im Spätmittelalter im gotischen Stil erneuert. In der Reformationszeit hatte die Stadt Glück, »ihr« Reformator Johannes Brenz beteiligte sich nicht am Bildersturm. So ist es ihm zu verdanken, dass die Haller Kirchen noch zahlreiche spätgotische Kunstwerke besitzen.

Gleich sieben historische Gebäude durchwandert man im Hällisch-Fränkischen Museum. Das imposanteste ist die »Keckenburg«, ein achtgeschossiges Steinhaus aus der Zeit um

1280, das die Adelsfamilie Keck von 1393 bis 1545 bewohnte. In der ehemaligen Stadtmühle wird die Entwicklung der Haller Saline dargestellt. An verschiedenen Salztagen im Sommer und während des Kuchen- und Brunnenfestes Ende Mai, des historischen Festes der Salzsieder, kann in der Siedehütte hinter dem Hällisch-Fränkischen Museum das Sieden wie anno dazumal erlebt werden.

Im Umkreis

Die barock ausgestattete Klosterkirche Sankt Nikolaus auf ***Großcomburg*** *bewahrt zwei großartige Kunstwerke aus romanischer Zeit: das mit vergoldetem Kupferblech verkleidete und mit Edelsteinen besetzte Antependium und den riesigen Radleuchter, ebenfalls aus vergoldetem Kupferblech. In Sichtweite auf dem gegenüberliegenden Berg liegt die um 1120 als dreischiffige Hallenbasilika in reiner Romanik erbaute Ägidiuskirche der Propstei* ***Kleincomburg.*** *Das hohenlohische Salzstädtchen* ***Niedernhall*** *hat in den weitgehend erhaltenen Stadtmauern sein mittelalterliches Flair bewahrt, ein Schmuckstück ist das 1477 aus mächtigen Eichenhölzern errichtete Rathaus.*

Info

Schwäbisch Hall, Hällisch-Fränkisches Museum: *Di–So 10–17 Uhr, Karfreitag sowie 24., 25. und 31. Dezember geschlossen, Telefon (0791) 751289. Termine der Salztage: Tourist Information, Telefon (0791) 751321.*

Wehrhaft: das ehemalige Benediktinerkloster Großcomburg

Münsterbau

Zu den eindrucksvollsten Zeugnissen des Mittelalters zählen zweifellos die großen Münsterbauten, die den Bürgerstolz der selbstbewussten Städte repräsentierten. Vorbilder waren die gotischen Kathedralen in Frankreich, die mit ihrer zum Himmel strebenden, lichtdurchfluteten Architektur auch eine neue Frömmigkeit widerspiegelten. Kennzeichen der Gotik sind auf den ersten Blick die spitzen Bögen an Fenstern und Portalen, doch die wichtigste Innovation war der konsequente Einsatz des Strebewerks, der die Auflösung der Wände und den Einbau der großen Fenster mit ihren herrlichen Glasmalereien ermöglichte. Bewundernswert ist jedoch nicht nur das künstlerische Genie, das sich in den neuen Kirchen ausdrückte, sondern auch das technische Können. Sie waren Leitbauten für die Entwicklung des Bauwesens überhaupt.

Freiburg im Breisgau

Als Bernhard von Clairvaux 1146 in der romanischen Pfarrkirche in Freiburg anlässlich des zweiten Kreuzzugs predigte, war im Norden von Paris gerade Saint-Denis fertig geworden, der erste gotische Kirchenbau Frankreichs. Freiburg war zu diesem Zeitpunkt eine junge, aufstrebende Stadt, erst 1091 hatten die Zähringer auf dem Schlossberg eine Burg gebaut, schon 1120 erhielt der dazugehörige Burgweiler das Markt- und Stadtrecht, wenige Jahre später eine Stadtmauer und um 1140 säumten bereits Steinhäuser die Hauptstraßen. Dieser rasante Aufschwung war nicht allein durch Handel möglich, im Hintergrund standen die reichen Silbererzvorkommen des Schwarzwalds.

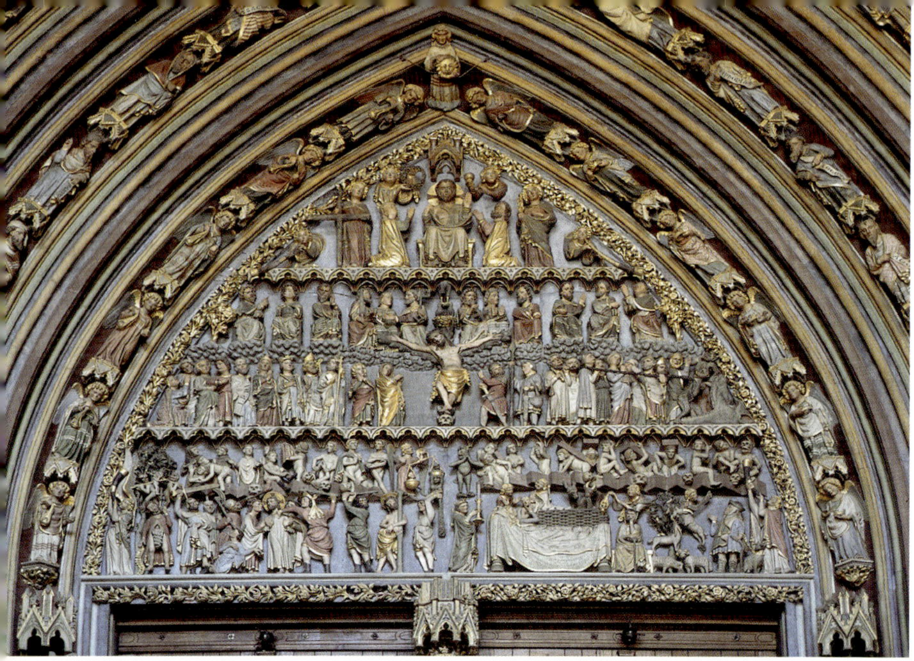

Münster Freiburg: Tympanon am Hauptportal

Dank dieser soliden finanziellen Grundlage konnte Herzog Berthold V., der letzte Zähringer, um 1200 den Neubau einer großzügigen Stadtkirche im Stil des romanischen Basler Münsters in Autrag geben. Als Berthold 1218 starb, wurde er im bereits fertiggestellten Ostteil seiner Kirche beigesetzt. Querhaus, Vierung und der untere Teil der Chorflankentürme sind von diesem Bau erhalten. Bertholds Nachfolge trat Graf Egino von Urach an, der sich nun Graf von Freiburg nannte. Mittlerweile hatte der neue französische Stil den Rhein erreicht, in Straßburg wurde ein gotisches Münster errichtet, und auch in Freiburg war man von der neuen Art zu bauen begeistert. Das Langhaus wurde nun in der Breite der Vierung geplant, das Mittelschiff deutlich erhöht. Der noch etwas unsichere Umgang der Bauleute mit den neuen Formen ist an den beiden östlichen Jochen gut zu erkennen. Um 1260 kam ein Straßburger Baumeister nach Freiburg, der offensichtlich mit der französischen Hochgotik vertraut war. In den folgenden vier Jahrzehnten wurde das Kirchenschiff vollendet und der Unterbau des Turms errichtet.

Die hohen gotischen Kirchtürme waren die größte Herausforderung für die mittelalterlichen Baumeister. Schwierig war das Beherschen der Statik, aufgrund des enormen Gewichts waren Bodensenkungen zu befürchten, kaum lösbar schien der Transport zentnerschwerer Steinblöcke in schwindelerregende Höhen. Auf immer kleiner werdenden Arbeitsplattformen mussten Kräne und Bauleute Platz finden, der in der Höhe fast immer wehende Wind erschwerte den Einsatz von Lot- und Fluchtschnuren zur präzisen Ausrichtung der Steine. Der Freiburger Turm mit seinem durchbrochenen Maßwerk sollte 116 Meter hoch werden – bereits um 1330 wurde die filigrane Turmspitze aufgesetzt. Der Turm, »der schönste der Christenheit«, wie er überschwänglich genannt wurde, ist einer der wenigen, die noch im Mittelalter vollendet wurden und in späteren Zeiten nicht einstürzten. Die 1258 gegossene Glocke »Hosianna« läutet auch heute noch jeden Freitag um 11 Uhr zum Gedenken an die Todesstunde Jesu.

Zu der großen, eleganten gotischen Kirche wollte nun der romanische Ostteil nicht mehr recht passen und so beschloss der Rat der Stadt 1354 den Neubau des Chores. Finan-

Der Turm des Freiburger Münsters. Rechts: Fenster der Bäckerzunft im Münster

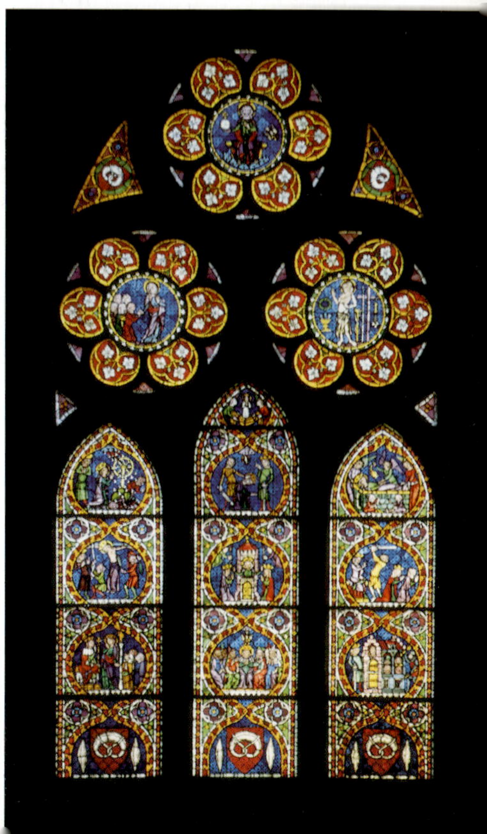

zielle Schwierigkeiten drohten durch die Freiburger Grafen, die immer mehr Geld für sich beanspruchten. Deshalb kaufte sich die Stadt Freiburg 1368 von ihrem ungeliebten Stadtherren frei und begab sich unter habsburgischen Schutz. Doch mit dem Freikauf hatte man sich finanziell übernommen, der Münsterbau musste für 100 Jahre eingestellt werden. Erst 1513 war es soweit, der Hochchor konnte durch den Konstanzer Bischof geweiht werden, ganz fertig wurde er Mitte des 16. Jahrhunderts. Das ganze Mittelalter hindurch sahen die Freiburger ihre Kirche also nur als Baustelle. Andererseits bot die ewige Bauhütte Arbeit und Brot, für die Mörtelmischer ebenso wie für Steinmetzen, Schreiner und Glasmaler, und auch für Metzger, Bäcker und Krämer fiel etwas ab.

Prächtig ist die Ausstattung der Kirche, reich der Figurenschmuck des Portals in der Westvorhalle. Die herrlichen Fenster stifteten zum großen Teil die Zünfte und die Bergwerke im 13. und 14. Jahrhundert. Die Münsterbauhütte wurde nach Fertigstellung des Münsters nicht aufgelöst, immer wieder mussten Bauschäden, häufig durch Kriege verursacht, repariert werden. Auch das Gebäude steht noch, heute ist hier der Münsterladen eingerichtet.

Ein Rundgang durch die Altstadt mit ihrem charakteristischen Straßenkreuz könnte beim historischen Kaufhaus am Münsterplatz beginnen, das Anfang des 16. Jahrhunderts von Münsterbaumeistern errichtet wurde, am Basler Hof, dem Sitz der vorderösterreichischen Regierung, der Martinskirche des ehemaligen Franziskanerklosters und der Gerrichtslaube, dem ältesten Freiburger Rathaus, vorbeiführen und mit einem Besuch des Augustinermuseums mit seiner bedeutenden Sammlung zur Kunst- und Kulturgeschichte am Oberrhein enden.

i **Info**

Freiburg, Münster Unserer Lieben Frau: *tagsüber durchgehend geöffnet.* ***Augustinermuseum****, Gerberau 15: Di–So und Feiertage 10–17 Uhr, Heiligabend, 1. Weihnachtsfeiertag, Silvester und Neujahr geschlossen, Telefon (0761) 201 25 31. Während der umfassenden Sanierung des Hauses, die vorraussichtlich Mitte 2009 abgeschlossen sein wird, ist die Besichtigung nur eingeschränkt möglich.*

Breisach am Rhein

Im Vergleich zu der »jungen« Stadt Freiburg kann Breisach auf eine lange Geschichte zurückblicken. Die Römer gründeten das Kastell Brisiaci, um 400 besiedelten Alamannen den Münsterberg, im 10. Jahrhundert entwickelte sich die Siedlung zu einem zentralen Schifffahrts- und Handelsort, erhielt das Markt- und Münzrecht und 1185 das Stadtrecht. Schon früh muss es auch eine Kirche gegeben haben, eine erste Nennung ist jedoch erst im Zusammenhang mit einem Meteorit, der im Juli 1143 glühend vor die Kirchentür gefallen sein soll, überliefert.

Am Breisacher Münster Sankt Stephan lässt sich die lange Baugeschichte mit ihrem Stilwechsel von der Romanik zur Gotik besonders gut ablesen. Die ältesten Bauteile, das romanische Langhaus und das Querhaus, stammen aus der Zeit um 1180 bis 1220. Noch im 13. Jahrhundert wurde der hohe, frühgotische Chor angefügt und Anfang des 14. Jahrhunderts eine Westerweiterung begonnen. Dann ruhte der Bau über mehrere Generationen. Erst 1473 erhielt das Münster den turmartigen Westbau,

Hoch über Breisach liegt das Münster Sankt Stephan.

der geplante Umbau des romanischen Kirchenschiffes in eine gotische Hallenkirche blieb jedoch in den Anfängen stecken. Das vorderösterreichische Breisach war zu dieser Zeit zwar eine prosperierende Handelsstadt, doch unter Kaiser Maximilian I. flossen die finanziellen Mittel nun vorrangig in die Befestigung der Stadt, um 1500 begann der Ausbau zu einer der stärksten Festungen Europas.

Die Breisacher leisteten sich jedoch eine hervorragende spätgotische Neuausstattung ihres Münsters, die in großen Teilen erhalten blieb. Betritt man den Kirchenraum, fällt zunächst der Lettner mit seinem reichen Figurenschmuck ins Auge. Ursprünglich war seine Rückseite verschlossen, sodass die Gläubigen den Hochaltar im Chor nicht sehen konnten. Dieser geschnitzte Flügelaltar gehört mit seinen lebensgroßen, ausdrucksstarken und Vitalität ausstrahlenden Figuren zu den bedeutendsten Kunstwerken des beginnenden 16. Jahrhunderts. Im Zentrum steht die Krönung Mariens, flankiert von den Stadtheiligen Gervasius und Protasius sowie dem Kirchenpatron Stephan und seinem Gefährten, dem heiligen Laurentius. Vom Künstler selbst ist wenig mehr als die Signatur HL bekannt.

Der moderne Zelebrationsaltar im Vorraum des Lettners umschließt den kostbaren Silberschrein für die Gebeine der

Detail »Die Hölle« von Martin Schongauer. Rechts: Sankt Alban in Oberschaffhausen am Kaiserstuhl

Heiligen Gervasius und Protasius, die Arbeit einer Straßburger Werkstatt aus dem Jahr 1496. Die Reliquien soll einer Überlieferung nach Erzkanzler Rainald von Dassel, Erzbischof von Köln, 1164 aus dem von Kaiser Friedrich Barbarossa eroberten Mailand nach Breisach gebracht haben. Im Mittelalter fanden jeden Freitag Prozessionen zu den Heiligen statt und noch heute wird der Schrein zum Fest der Stadtpatrone im Juni in einer Prozession durch Breisach getragen.

50 Jahre bevor Michelangelo die Sixtinische Kapelle in Rom ausmalte, schuf Martin Schongauer in den Jahren 1489 bis 1491 im Westbau des Münsters sein monumentales »Jüngstes Gericht«: Die Südwand zeigt den Einzug der Seligen ins Paradies, die Nordwand den Höllensturz der Verdammten. An die Westwand, links und rechts vom Hauptportal, das früher auf den Friedhof führte, malte er – in Augenhöhe der Gläubigen – die Auferstehung der Toten aus ihren Gräbern. Darüber thront Christus als Weltenrichter auf dem Regenbogen, vor ihm knien fürbittend Johannes der Täufer und Maria.

Im Umkreis

Die dem Pestheiligen Sankt Alban geweihte Kapelle in ***Oberschaffhausen am Kaiserstuhl*** *ist ein eindrückliches Dokument der Pest, die in den Jahren 1473 bis 1481 in dem kleinen Ort wütete. Aus der Erbauungszeit 1473/74 stammen die wertvollen Fresken, die unter anderem die Pest symbolisch darstellen, und das lebensgroße »Pest-Kreuz« am Hochaltar.*
Der »Üsenberger Hof« in ***Endingen am Kaiserstuhl,*** *ein Fachwerkbau aus dem 14. Jahrhundert mit spätgotischen Wandmalereien, beherbergt heute das Vorderösterreichische Museum.*
Rudolf II. von Üsenberg gründete 1248 das heute noch mittelalterlich anmutende Städtchen ***Kenzingen****. In* ***Herbolzheim****, Brunnenstraße 7, sieht man noch ein seltenes Beispiel eines Firstständerhauses, erbaut 1464.*

Info

Breisach, Münster Sankt Stephan: *Sommerzeit 9–18 Uhr, Winterzeit 9–17 Uhr, Telefon (0 76 67) 2 03.*
Endingen, Vorderösterreichisches Museum, *Adelshof 20: Mo–Fr 9–12.30 Uhr und 14.30–18 Uhr, Sa 10–13 Uhr, So 10.30–12.30 Uhr, Telefon (0 76 42) 68 99 90.*

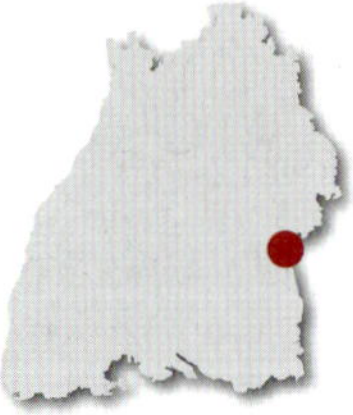

Ulm

Selbst in der heutigen Großstadt Ulm ist das Münster aus dem Mittelalter nach wie vor das beherrschende Bauwerk, die Bauzeit betrug vom ersten Spatenstich bis zum Aufsetzen der Turmspitze rund 500 Jahre. 1376 belagerte Kaiser Karl IV. Ulm mit seinem Reichsheer, weil er den Bund der 14 schwäbischen Städte, die sich in Ulm zusammengeschlossen hatten, für rechtswidrig hielt. Die Ulmer waren zwar siegreich, doch sie fürchteten nun für ihre Pfarrkirche »ennet felds«, die außerhalb der Stadtmauern lag und im Kriegsfall nicht besucht werden konnte. So beschlossen sie, die Kirche in die Stadt zu holen.

Am 30. Juni 1377 fand die feierliche Grundsteinlegung des gotischen Münsters statt, als Baumeister wurde Heinrich Parler der Ältere verpflichtet. Er entwarf eine dreischiffige Hallenkirche, wie sie schon in Schwäbisch Gmünd gebaut worden war, und errichtete den Chor und die Osttürme. Sein Nachfolger Michael Parler, der mit seinem Bruder Peter Parler am Veitsdom in Prag gearbeitet hatte, veränderte nach Prager Vorbild den Plan zur Basilika mit erhöhtem Mittelschiff und eigener Fensterzone, die mehr Licht einließ – denn die selbstbewussten Stadtherren und Bürger von Ulm, die den Kirchenbau auch selbst finanzierten, wetteiferten mit dem Kaiserdom in Prag. Nach Michael führte Heinrich Parler der Jüngere das Werk fort. Die Weitergabe des Baumeisteramts innerhalb einer Familie, in der sich eine Meistertradition herausgebildet hatte, ist typisch für das mittelalterliche Bauwesen.

1391/92 übernahm Ulrich von Ensingen die Bauleitung. Auf ihn geht der grandiose Entwurf des Westturms zurück, doch 1399, der Turm war kaum begonnen, wechselte Ulrich von Ensingen zur Münsterbauhütte nach Straßburg. Ulrich zählt zu den meistbeschäftigten Baumeistern der Gotik, neben Ulm und Straßburg wirkte er in Esslingen, Mailand und Basel. Das Ulmer Münster wurde 1405 notdürftig mit Holz gedeckt und mit unfertigen Türmen geweiht, um Gottesdienste feiern zu können. 1446 holte man den Sohn Ulrichs von Ensingen, Matthäus, aus Bern, doch erst dessen Sohn Moritz Ensinger vollendete das hohe Mittelschiff mit der Fensterzone und setzte zusammen mit Zimmer-

Das Ulmer Münster überragt das Fischerviertel.

meister Hans von Hall die hölzernen Gewölbe des Mittelschiffs und den Dachstuhl auf.

Den Westturm weiterzubauen oblag Matthias Böblinger, der 1477 antrat. 1492 konnte er stolz König Maximilian I. auf den Turm führen, doch schon zwei Jahre später musste Böblinger die Stadt verlassen. Im Turm zeigten sich Risse, er drohte auf die Kirche zu stürzen, die Fundamente aus der Zeit Ulrichs von Ensingen hielten der gewaltigen Last nicht stand. Aus 28 erfahrenen Bauleuten wählte man Burkhard Engelberg aus Augsburg zum neuen Münsterbaumeister. Zusammen mit 116 Steinmetzgesellen, die er aus Augsburg mitbrachte, gelang es ihm, das

Schmerzensmann von Hans Multscher am Hauptportal des Münsters. Rechts: Marienkirche in Lehr

Westwerk und die Seitenschiffe zu sichern. Seine Arbeit wird noch heute als »unvorstellbare Ingenieurleistung« gewürdigt.

1530 wurde in Ulm die Reformation eingeführt, der Westturm bekam über der Vierecksgalerie ein Notdach und die Bauarbeiten ruhten bis ins 19. Jahrhundert. In den Jahren 1856 bis 1880 vollendeten schließlich die Baumeister Ludwig Scheu und August Beyer das Gotteshaus. Beyer vertraute dem mittelalterlichen Plan Böblingers und ließ den Turm zum höchsten Turm der Welt in den Himmel wachsen (161,53 m).

Das Münster empfängt den Besucher am Westportal mit reichem Figurenschmuck des frühen 15. Jahrhunderts. Am Mittelpfeiler steht der »Schmerzensmann«, eine Kopie des Kunstwerks von Hans Multscher, dessen Ulmer Werkstatt weit über Ulm hinaus bekannt und berühmt war. Das Original ist im Münster zu sehen. Das Tympanon, eine Arbeit aus dem 14. Jahrhundert, zeigt in vielen Szenen die Erschaffung der Welt. Die rund 50 Altäre, die am Ende des Mittelalters das Münster schmückten und in erster Linie Stiftungen der Bürger Ulms waren, sind zum größten Teil dem Bildersturm zu Beginn des 16. Jahrhunderts zum Opfer gefallen, einige findet man noch in den umliegenden Dörfern.

Doch Ulm hat noch mehr Mittelalter zu bieten. Im Rathaus stecken Bauteile des alten Kaufhauses von 1370 und vom Balkon des Schwörhauses wird alljährlich am Schwörmontag gemäß dem Schwörbrief von 1397 der Eid auf die Stadtverfassung erneuert. Das Schwörhaus steht übrigens anstelle einer Kapelle, die zur 854 genannten Königspfalz gehörte. Der älteste erhaltene Kirchenbau Ulms ist die romanische Nikolauskapelle aus dem Jahr 1222. Reizvolle Stadtansichten bietet ein Spaziergang an der Blau entlang zum Schiefen Haus, zur Alten Münz, durchs Fischerviertel und auf die Stadtmauer, die 1482 »im reißenden Wasser der Donau« als Bollwerk gegen feindliche Armeen errichtet wurde. Die Reichsstadt Ulm mit ihrem großen Stadtgebiet, zu dem 55 Dörfer und drei Städte gehörten, hatte ihre Blütezeit im 13. bis zum 15. Jahrhundert. Den Reichtum erbrachten die Leinen- und Barchentweber, die dank ihrer strengen Schau, einer umfassenden Qualitätssicherung, die Stoffe nach Italien, der Schweiz, in die Niederlande, nach Frankreich und sogar nach England verkaufen konnten. Große Bedeutung für die Stadt hatten auch der Salz-, Holz-, Eisen- und Weinhandel. Wichtig für den Warenverkehr war die Schifffahrt auf der Donau, doch bevor ein Schiffer an Deck ging, besuchte er den Gottesdienst im Münster.

Im Umkreis

Die Fresken in der Marienkirche in ***Lehr*** *werden in die Zeit um 1500 datiert, bei ihrer Restaurierung verzichtete man bewusst auf Farbauffrischung und Ergänzung fehlender Teile. Der Multscher-Altar (1440/50) in der romanischen Chorturmkirche Sankt Laurentius in* ***Scharenstetten*** *stand ursprünglich im Ulmer Münster. Ein Werk der Ulmer Schule ist der Flügelalter in der Kirche zu den Heiligen Drei Königen in* ***Merklingen****.*

Info

Ulm, Münster: *Januar–Februar und November–Dezember 9–16.45 Uhr, März und Oktober 9–17.45 Uhr, April–Juni und September 9–18.45 Uhr, Juli–August 9–19.45 Uhr.*

Reichsstädte

Alzeit gewesen unter den flügln des adlers« – so beschrieb ein Historiograf am Ende des Mittelalters die eigentümliche Stellung der Reichsstädte. Sie unterstanden unmittelbar König oder Kaiser beziehungsweise dem Reich, während die große Mehrheit der Städte in die Territorien der Landesherren eingebunden war. Ihrer Geschichte nach lassen sich Reichsstädte und freie Städte unterscheiden. Bei den Reichsstädten handelte es sich in der Regel um Königsstädte auf Reichsgut oder ehemals staufischem Hausgut. Die freien Städte waren dagegen ursprünglich Bischofsstädte, die sich von ihren Stadtherren emanzipiert hatten. Seit dem 16. Jahrhundert verwischten sich die Unterschiede, als offizieller Terminus setzte sich schließlich die Bezeichnung »des Heiligen Römischen Reichs Freie Städte« durch. Ihr hohes Maß an Selbständigkeit verhalf ihnen im Mittelalter zu glänzenden wirtschaftlichen Erfolgen, ein Vorteil, der sich in der frühen Neuzeit angesichts erstarkender Territorialstaaten ins Gegenteil verkehrte, ihre Entwicklung stagnierte. So blieb vieles erhalten, was anderenorts Neuerungen weichen musste – es sind gerade die ehemaligen Reichsstädte, die zur Entdeckung der mittelalterlichen Stadt einladen.

Esslingen am Neckar

Die in schriftlichen Quellen fassbare Geschichte Esslingens beginnt im Jahr 777. Damals verfügte Fulrad in seinem Testament die Schenkung der »sechsten Zelle, wo der heilige Vitalis ruht, oberhalb des Flusses Neckar« an das königliche Kloster Saint-Denis bei Paris, dem er als Abt vorstand. Bei Grabungen unter der Stadtkirche Sankt Dionys in den Jahren 1960 bis 1963 fand man die Fundamente

Esslingen, Hafenmarkt 4–10: die älteste Fachwerkhäuserzeile Deutschlands

dieser kleinen Kirche und der dazugehörigen klösterlichen Niederlassung, der »Zelle«. Die Verehrungsstätte für den heiligen Vitalis konnte im Chor lokalisiert werden. Die Reliquien des frühchristlichen Märtyrers hatte Abt Fulrad hierher gebracht, um den Ort an einer der wichtigsten Fernstraßen und einer Furt durch den Neckar aufzuwerten – ein Vorgang, der sich einfügt in den Prozess der Christianisierung Alamanniens und seiner Eingliederung in das fränkische Reich.

Das Kalkül ging auf, aus der kleinen Zelle wurde schnell ein Ort mit überregionaler Bedeutung. Schon ein knappes Jahrhundert später konnte die Kirche die große Zahl der Wallfahrer zum Grab des heiligen Vitalis nicht mehr fassen, ein Neubau wurde errichtet, mit 40 Metern Länge eine der größten Kirchen im damaligen Südwesten. Auch ein Markt hatte sich bereits entwickelt, er wurde 866 in einer Urkunde unter herrschaftlichen Schutz gestellt – eine der frühesten Erwähnungen eines Marktes rechts des Rheins überhaupt. Um 950 wurde Esslingen schließlich Münzort.

Die dynamischste Phase der Esslinger Geschichte begann jedoch mit der förmlichen Stadterhebung durch den Stauferkönig Heinrich VII. 1228 oder 1229, der einsetzende Bauboom in der damals wohl bereits ummauerten Stadt prägt noch heute

Die Innere Brücke mit Nikolauskapelle in der Esslinger Altstadt

das Stadtbild. Um 1220 wurde der Grundstein für die Pfarrkirche Sankt Dionys anstelle der alten Vitalis-Kirche gelegt. 1268 weihte Albertus Magnus die in ihrer Schlichtheit eindrucksvolle Klosterkirche der Dominikaner – die älteste Bettelordenskirche in Deutschland. Die Bettelorden reagierten auf die sozialen Umwälzungen der Zeit, siedelten sich in den wirtschaftlichen und kulturellen Zentren an, in denen neue gesellschaftliche Schichten entstanden, Bildung einen ganz neuen Stellenwert bekam, in denen sich jedoch zugleich auch die Kluft zwischen Arm und Reich verschärfte. Den Dominikanern folgten 1237 die Franziskaner und weitere Bettelorden. Eine ganze Reihe von Klöstern errichtete in Esslingen Pfleghöfe, darunter die Klöster Bebenhausen und Salem. Grundlage war der Weinanbau rund um Esslingen, der das wirtschaftliche Rückgrat der Stadt bildete. Auch das Domkapitel in Speyer unterhielt einen Zehnthof, heute Sitz einer Sektkellerei.

Vieles deutet darauf hin, dass im ausgehenden 13. Jahrhundert in einem Großprojekt der Neckar aus der Stadt hinaus verlegt wurde. Sicher waren um 1300 die beiden Steinbrücken fertiggestellt, die (äußere) Pliensaubrücke und die innere Brücke, über die nun die Fuhrwerke der Kaufleute auf ihrem Weg vom Rhein zur Donau rollten. Die auf der inneren Brücke aufsitzende Nikolauskapelle war dem Schutzpatron der Schiffer und Fährleute geweiht.

Weil man mit dem Einfluss des Speyrer Domkapitels auf Sankt Dionys nicht einverstanden war, bauten die Esslinger ab 1321 ihre Frauenkirche, auch sie ein architektonischer Meilenstein, die erste gotische Hallenkirche Süddeutschlands. Einen exzellenten Einblick in die städtische Wohnhausarchitektur des frühen 14. Jahrhunderts vermittelt das Ensemble Hafenmarkt 4 bis 10, die älteste bekannte, komplette Fachwerkhäuserzeile Deutschlands. Ausgestattet waren die zwischen 1328 und 1331 errichteten Häuser mit Bohlenstuben und Gewölbekellern. Vergleichsweise jung ist dagegen das mächtige alte Fachwerkrathaus, 1422 als Kaufhaus errichtet.

Auf lange Frist problematisch für die Entwicklung Esslingens erwies sich der Untergang der Staufer. Nach und nach drangen die aufstrebenden Grafen von Württemberg in das Machtvakuum ein und versuchten, die reiche Stadt Esslingen vor den Toren Stuttgarts ihrem Herrschaftsbereich einzuverleiben. Die Städtebünde des 14. und 15. Jahrhunderts im Rücken, konnten die Reichsstädter noch über Württemberg triumphieren, doch 1472/73 mussten sie die Schirmherrschaft, und damit die Vorherrschaft, Württembergs anerkennen, was sich nicht zuletzt in jährlich zu leistenden Zahlungen ausdrückte. Formal blieb Esslingen bis zum Ende des Alten Reiches 1802/03 unabhängige Reichsstadt.

Im Umkreis

*Von Esslingen aus bietet sich ein Ausflug ins staufische Kernland rund um den namengebenden Hohenstaufen an: zur romanischen Stiftskirche in **Faurndau,** zum malerischen »Wäscherschlösschen« in **Wäschenbeuren,** wo mit den Herren von Büren die Geschichte der Staufer begann, und zur »Barbarossakirche« Sankt Jakob in **Hohenstaufen** mit ihrer Dokumentation der Stauferzeit. Die einzige Ansicht der noch unzerstörten Burg Hohenstaufen ist in einem Fresko der Oberhofenkirche in **Göppingen** erhalten. **Burg Hohenrechberg** punktet mit eindrucksvollen Ruinen, nach **Schwäbisch Gmünd** locken die urtümliche romanische Johanniskirche und die elegante gotische*

Die romanische Stiftskirche in Faurndau

Pfarrkirche Heilig Kreuz, ***Kloster Lorch*** *war Grablege der Staufer,* ***Kloster Adelberg*** *stand unter ihrem besonderen Schutz. Sehenswert zudem: die Pfarrkirche Sankt Michael in* ***Winterbach,*** *die Michaelskirche in* ***Waiblingen*** *und die Schlosskirche Sankt Jakobus des Älteren in* ***Winnenden****.*

Info

Esslingen, Stadtmuseum im Gelben Haus, *Hafenmarkt 7: Di–Sa und 1. Januar 14–18 Uhr, So und Feiertage 11–18 Uhr, 24., 25., 31. Dezember, Karfreitag und Faschingsdienstag geschlossen, Telefon (07 11) 35 12 32 40.* ***Museum Sankt Dionys*** *(zu sehen sind die Ausgrabungen unter der Kirche), Marktplatz: Do 15 Uhr, So 15 Uhr, Sonderführungen auf Anfrage, Telefon (07 11) 35 12 32 40.*

Hohenstaufen, Dokumentationsraum für staufische Geschichte in der Barbarossakirche, *Kaiserbergsteige 22: Mitte März–Mitte November, 8.30–12 Uhr und 14–17 Uhr, Telefon (0 71 65) 87 36 oder (0 71 61) 65 04 25.*

__Wäschenbeuren, Wäscherschloss:__ 15. April–31. Oktober, Di–Fr 10.30–12 Uhr und 13.30–16 Uhr, Sa und So 10.30–17 Uhr, Telefon (0 71 72) 62 32.

Rottweil

Rottweil verdankt das Attribut, älteste Stadt Baden-Württembergs zu sein, den Römern, die ihre einstige Militärsiedlung zum Munizipium mit dem Namen »Arae Flaviae« erhoben hatten. Die Römerstadt lag allerdings etwas weiter südlich, zwischen Neckar und Prim. Die Siedlung des Mittelalters entwickelte sich zunächst im Bereich der heutigen Mittelstadt aus einem fränkischen Königshof, der 771 in den Quellen als »rotuvilla« auftaucht. Ende des 12. Jahrhunderts wurde die Stadt unter staufischer Ägide ein drittes Mal verlegt, nun auf einen strategisch günstigen Muschelkalkfelsen hoch über der Neckarschleife.

Den schönsten Ausblick über Rottweil bietet der zur Stadtbefestigung gehörende Hochturm. Ein Straßenkreuz teilt die Stadt in ungleichmäßige Viertel, schmale, traufständige Häuser reihen sich aneinander. Die Fassaden sind mit Erkern ge-

Rottweil: die Hauptstraße mit dem Schwarzen Tor

schmückt, Rundbogentore führen in Häuser und Keller, Gauben der Speicheraufzüge, die so genannten »Ausstöße«, beleben die Dachlandschaft. Wie ein Zeigefinger ragt der Kapellenturm aus dem Häusermeer, 1983 wurde er als »Kulturdenkmal von nationaler Bedeutung« eingestuft. Der Figurenzyklus, mit 27 Figuren der größte im Schwaben des 14. Jahrhunderts, zeigt die christliche Glaubenswelt von den ersten Propheten bis zur Auferstehung Christi. Die Figuren mussten durch Kopien ersetzt werden, die Originale stehen größtenteils in der Kunstsammlung Lorenzkapelle.

Älter ist die Heilig-Kreuz-Kirche, ab dem 13. Jahrhundert wurde sie als spätromanische Basilika errichtet, im 15. Jahrhundert dann im gotischen Stil umgebaut. Das spätgotische Kruzifix über dem Hochaltar – ein seltener gotischer Kastenaltar – wurde aufgrund seiner Formensprache zeitweilig dem Nürnberger Meister Veit Stoß zugeschrieben. An die Zünfte der mittelalterlichen Stadt erinnern die reich verzierten, sorgfältig gearbeiteten Zunftlaternen, die in der Fronleichnamsprozession mitgetragen werden. Das Gnadenbild der Madonna mit Kind stammt aus der Rottweiler Dominikanerkirche. Das Dominikanerkloster

Rottweil, Gerichtslaube im Alten Rathaus. Rechts: Weilerkirche in Owingen

war vermutlich von Esslingen aus gegründet worden, erhalten blieb nur der später barockisierte Chor der Predigerkirche. An der Stelle des Klosters steht heute das Dominikanermuseum, das unter anderem in der »Sammlung Dursch« Holzskulpturen und Tafelbilder des Spätmittelalters aus Schwaben zeigt.

Herz der Stadt ist die Hauptstraße, die zum Schwarzen Tor hinaufführt. Hier beginnt an den närrischen Tagen pünktlich um acht Uhr der Narrensprung. Von reichsstädtischem Bürgerstolz zeugt der holzvertäfelte Saal im Alten Rathaus, im ersten Stock ist die einstige Gerichtsstube des Kaiserlichen Hofgerichts mit einem Baldachin aus Stein zu sehen. Das Hofgericht war neben dem Reichskammergericht und dem Reichshofrat das bedeutendste kaiserliche Gericht im alten Reich. Sein Sprengel umfasste ein Gebiet von den Vogesen bis zum Lech und von den Alpen bis zum Thüringer Wald. Vor den Toren der Reichsstadt, in der heutigen Königsstraße, dokumentiert eine Kopie des Hofgerichtsstuhls den Ort, wo das Gericht unter freiem Himmel tagte – das Original steht im Stadtmuseum.

In ihrer Geschichte war die Stadt, die ein Territorium mit 24 Orten besaß, oft in Fehden verwickelt. Im Stadtmuseum erinnert die prachtvolle Pergamenturkunde des Ewigen Bundes von 1519 an die Zeit, als die Reichsstadt Schutz durch ein Bündnis mit den Schweizer Eidgenossen suchte. Bereits 1463 war Rottweil zunächst für 15 Jahre als zugewandter Ort anerkannt worden, dann wurde der Vertrag zweimal verlängert und schließlich »auf ewig« besiegelt. Die Schweizer verpflichteten sich, den Rottweilern bewaffneten Beistand zu leisten, diese erklärten sich ihrerseits bereit, den Schweizern im Kriegsfall Zuzug zu leisten und ihnen ihre Stadt offen zu halten. Wie wenig sich das Stadtbild seit dem ausgehenden Mittelalter verändert hat, zeigt ein Blick auf die Pürschgerichtskarte des David Rötlin aus dem Jahr 1564, der dritte große Schatz des Rottweiler Stadtmuseums.

Im Umkreis

Die spätgotische Chorturmkirche in ***Leidringen*** *besitzt eine Glocke, die schon vor 1300 von »Hainrich dem Glogner«, einem Rottweiler Glockengießer, gefertigt wurde – so besagt es die mittelhochdeutsche Inschrift. Ein Kleinod auf der Schwäbischen Alb ist die Pfarrkirche Sankt Michael in* ***Burgfelden*** *mit ihren kostbaren frühromanischen Wandmalereien. Die »Weilerkirche«*

*in **Owingen** aus dem 12. Jahrhundert blieb als einziges Gebäude des abgegangenen Dorfes Oberowingen erhalten. Schön ist das von Halbsäulen mit Würfelkapitellen flankierte Rundbogenportal.*

Info

***Rottweil, Stadtmuseum,** Hauptstraße 20: Di–So 10–12 Uhr, wochenfeiertags geschlossen, Führungen nach Anmeldung, Telefon (0741) 494330. **Dominikanermuseum,** Am Kriegsdamm: Di–So 14–17 Uhr, wochenfeiertags geschlossen, Führungen nach Anmeldung, Telefon (0741) 494330. **Kunstsammlung Lorenzkapelle,** Lorenzgasse 17: nach Rücksprache mit dem Stadtarchiv, Telefon (0741) 494332.*

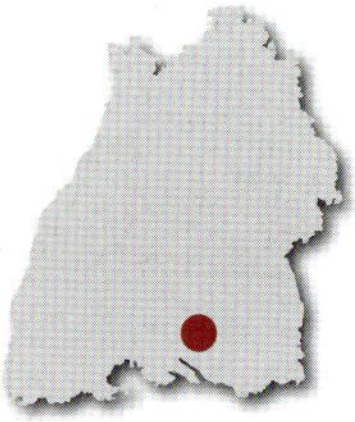

Pfullendorf

Graf Rudolf I. von Pfullendorf regierte 1150 ein Gebiet, das zwischen den Zähringern im Westen und den Welfen im Osten, von der Donau zum Bodensee und bis ins Bündner Land reichte. Wohlstand und Reichtum brachten vor allem die Marktorte Pfullendorf, wo Rudolf seinen Sitz hatte, und Überlingen am Bodensee mit dem Fährbetrieb nach Wallhausen, den Rudolf kontrollierte. Beide Orte lagen an der Fernhandelsstraße Ulm–Konstanz, der so genannten Königsstraße. 1180 kam Rudolf von einem Zug nach Jerusalem nicht zurück. Als Erben für seinen Besitz hatte er Kaiser Friedrich I. Barbarossa eingesetzt, dessen enger Vertrauter er gewesen war. Seine Tochter Ita heiratete Albrecht III. von Habsburg und wurde somit Stammmutter der Habsburger, sie erhielt einige Besitzungen am Hochrhein. Für die Staufer war das Erbe Rudolfs, das einen Korridor nach Süden, nach Italien bedeutete, äußerst wertvoll. 1220 erhob Kaiser Friedrich II. Pfullendorf im Linzgau zur Stadt. Reichsstadt wurde Pfullendorf 1268, als nach dem Tod Konradins in Neapel das Schwäbische Herzogtum erlosch und der staufische Besitz ans Reich fiel.

Wahrzeichen von Pfullendorf ist das Obertor, eine der schönsten Doppeltoranlagen im Bodenseegebiet. Den benachbarten Salmannsweiler Hof unterhielten die Salemer Zisterzienser als Verwaltungsmittelpunkt ihrer Besitzungen im Umland.

Das »Alte Haus« (links) und die »Alte Stadtkanzlei« in Pfullendorf

Bergab führt die Pfarrhofgasse im Bogen Richtung Marktplatz. Eine Gedenktafel am Gremlich-Haus erinnert an die Junker von Gremlich, die zu den ältesten Ortsherren von Pfullendorf gehörten. Die Familie stellte bis 1500 zahlreiche Bürgermeister und Richter. Heute beherbergt das Haus aus dem Jahr 1435 die »Städtische Galerie Alter Löwen« und ist für Besucher zugänglich. Aus dem 14. Jahrhundert stammt die »Alte Stadtkanzlei« mit ihrem urtümlichen Fachwerk. Gegenüber steht das »Alte Haus« von 1317, eines der ältesten Bürgerhäuser Süddeutschlands, in alemannischer Hochständerbauweise errichtet. Die Balken, auf denen das weit auskragende Obergeschoss ruht, laufen strahlenförmig auf die Mitte zu, wo ein senkrechter starker Balken, in einem Sandkasten eingebracht, das Gleichgewicht der Konstruktion hält.

Auf dem Marktplatz werden auch heute noch Wochenmärkte abgehalten. Im Mittelalter gab es außer dem Wochenmarkt noch Vieh-, Getreide- und Krämermärkte, insgesamt fünf, verteilt im Jahreslauf. Damals boten rund 30 Gasthäuser Unterkunft und Verpflegung für die zahlreichen Händler und Käufer.

Wo heute ein Fußgängerweg durch die »Gred«, das Untergeschoss des Rathauses, führt, standen die Fuhrwerke der Bauern in langen Kolonnen, schwer beladen mit Getreidesäcken, die hier abgeladen wurden. Über dem Eingang des Rathauses prangt der doppelköpfige Reichsadler und erinnert an die alten Zeiten.

Im Umkreis

Von Pfullendorf führt unser Ausflugstipp etwas weiter nach Norden ins Laucherttal: Niklaus Weckmann schuf um 1503 die vorzüglichen Figuren, die im neuen Altarschrein der Pfarrkirche Maria Himmelfahrt in ***Bingen*** *zu sehen sind. Die Pfarrkirche Sankt Michael im ummauerten Friedhof in* ***Veringendorf*** *birgt ein Bildprogramm, das von der Schöpfung bis zum Jüngsten Gericht reicht, gemalt von seeschwäbischen Meistern in den Jahren 1320/30. Der historische Stadtkern von* ***Trochtelfingen*** *wurde 1980 unter Denkmalschutz gestellt. Im ehemaligen Schloss der Grafen von Werdenberg-Heiligenberg wird heute Wissen gepaukt, die Martinskirche birgt Wandmalereien des 14. und 15. Jahrhunderts.*

Das Obertor in Pfullendorf. Rechts: Pfarrkirche Sankt Michael in Veringendorf

Frühe Residenzen

Residenzstädte als politische und kulturelle Zentren sind ein charakteristisches Element der frühneuzeitlichen Städtelandschaft, ihre Anfänge liegen jedoch schon im späten Mittelalter. Im Zuge der Territorialisierung konzentrierte sich die Hofhaltung des Landesherrn auf einen zentralen Ort, in der Regel eine Burg oder ein Schloss in einer seiner Städte. In diesen Residenzen fand auch die sich ausdifferenzierende Verwaltung ihren festen Platz. Während der württembergischen Landesteilung (1442 bis 1482) wurde Urach Residenz des südlichen Landesteils und unter Graf Ludwig I. und vor allem unter Graf Eberhard im Bart setzte eine rege Bautätigkeit ein. Nach der Wiedervereinigung wurde jedoch Stuttgart alleinige Residenz und der württembergische Hof zog wieder ab. So blieb in Urach das seltene Bild einer spätmittelalterlichen Residenzstadt erhalten.

Bad Urach

Die alte Wasserburg der Grafen von Urach genügte den neuen Anforderungen an eine Residenz nicht mehr, bereits 1443 begann Graf Ludwig I. nach Stuttgarter Vorbild mit dem Bau des repräsentativen Uracher Schlosses. Über der Dürnitz, dem Aufenthaltsraum und Speisesaal des Hofes, erhoben sich die beiden über eine Außentreppe erreichbaren herrschaftlichen Fest- und Wohngeschosse, überwölbt von einem mächtigen Satteldach. Wahrscheinlich war das neue Schloss schon bewohnbar, als am 11. Dezember 1445 Eberhard V. in Urach geboren wurde. Nach dem frühen Tod des Vaters und des älteren Bruders übernahm der junge Eberhard 1459 erst vierzehnjährig die Regierung. Seine Pilgerfahrt nach Jerusalem 1468 brachte ihm den Beinamem »im Bart« ein, nach

Das Residenzschloss in Bad Urach, im Hintergrund der Turm der Amanduskirche

seiner Rückkehr ließ er den Empfangssaal im ersten Stock mit wandhohen Palmen, den Wappen seiner Urgroßeltern und seinem Wahlspruch »Attempto« (Ich versuche es) ausmalen.

Auch die Stadt Urach veränderte ihr Gesicht. Bereits um 1445 war das Sprandelsche Haus als Kanzlei- und Wohngebäude für den gräflichen Hof erbaut worden. Eberhard veranlasste 1476 bis 1479 den Bau des architektonisch interessantesten Neubaus: Das vermutlich als Gästehaus für den Hof geplante Haus am Gorisbrunnen gilt als Vorbote der Renaissance in Württemberg. Etwa zur gleichen Zeit entstanden das Spital, das Stift der »Brüder vom gemeinsamen Leben«, Mönchshof genannt, und die neue Stiftskirche Sankt Amandus, deren Baumeister Peter von Koblenz war. Vor allem beim Bau des Gästehauses wird der italienische Einfluss von Eberhards Frau Barbara Gonzaga vermutet.

Die »Uracher Hochzeit« Eberhards mit der Tochter des Markgrafen Ludwig III. Gonzaga von Mantua im Jahr 1474 war zweifellos das bedeutendste Ereignis im alten Urach. Schon im Vorfeld hatte Eberhard im zweiten Obergeschoss den lichtdurchfluteten »Goldenen Saal« einrichten lassen und die ursprünglich flachgedeckte Dürnitz erhielt ein Kreuzrippengewölbe. Die Inszenierung des Festes war eines Fürsten würdig – 1495 wurde Eberhard dann tatsächlich zum Herzog erhoben. Das kleine Urach musste für die große Anzahl der geladenen Gäste gerüstet werden. Da das Schloss zu wenig Raum bot, wurden alle Häuser der Stadt in die Quartierplanung einbezogen, die Zutaten für die Speisefolgen waren ebenso heranzuschaffen wie Hafer und Stroh für die etwa 4000 Pferde. Ein Tanzhaus musste errichtet, der Marktplatz für das große Turnier vorbereitet und der Mist aus der Stadt geschafft werden. Ein besonderes Erlebnis für die Bevölkerung war der Brautzug, der vom 10. Juni bis zum 3. Juli 1474 von Mantua nach Urach unterwegs war. In Begleitung von 70 Personen, 217 Pferden und etlichen Wagen wurde Barbara von Mantua über die Alpen geführt. Am 28. Juni in Kempten von ausgewählten süddeutschen Grafen, alle in den württembergischen Farben gekleidet, empfangen, reiste man nun gemeinsam weiter über Memmingen und Ulm nach Blaubeuren. Am Hochzeitstag, dem 3. Juli, ritt Eberhard zusammen mit den schon in Urach weilenden Gästen seiner Braut entgegen, auf freiem Feld zwischen Blaubeuren und Urach fand die Begrüßungszeremonie statt. Der Bräutigam eilte daraufhin in die Stadt voraus, um auf dem Kirchhof zusammen mit seiner Mutter, Mechthild von der Pfalz, dem

Das Haus am Gorisbrunnen in Bad Urach

Bischof von Konstanz und allen anwesenden Äbten die Braut zu erwarten. In feierlichem Zug wurden die Brautleute in die Kirche geführt, wo sie das Ehegelöbnis ablegten. Als gültig vollzogen galt die Eheschließung jedoch erst durch das Beilager in Anwesenheit der ranghöchsten Adeligen, wofür ein symbolisches Zudecken der Brautleute im Brautbett genügte. Am nächsten Morgen tauschte das junge Ehepaar im Rahmen eines feierlichen Hochamtes in der Kirche die Ringe. Das rauschende Fest mit exquisiten Tafelfreuden, Tanz und einem großen Turnier, an dem auch der Bräutigam teilnahm, dauerte vier Tage.

Im Umkreis

*Die **Burg Hohenurach,** Stammsitz der Grafen von Urach, wurde unter Graf Ludwig I. von Württemberg zur Landesfestung ausgebaut. Die Martinskirche in **Oberlenningen** im oberen Lautertal, eine dreischiffige, flachgedeckte Säulenbasilika, stammt vermutlich aus der Zeit um 1000. Am Ende des 13. Jahrhunderts errichteten Ministeriale der Herren von Teck auf steilem Fels über dem Neidlinger Tal die **Burg Reußenstein**. **Weilheim an der Teck** war im 11. Jahrhundert Hauptsitz der Zähringer. Ungewöhnlich reich und qualitätvoll ist die Ausstattung der Kirche Sankt Peter, die Peter von Koblenz 1489 bis 1519 als gotische Hallenkirche erbaute.*

Info

***Bad Urach, Residenzschloss,** Bismarckstraße 18: Di–So und Feiertage 9–17 Uhr, Telefon (0 71 25) 15 84 90.*

Die Martinskirche in Oberlenningen

Ackerbürger

Die Grenzen zwischen Dorf und Stadt blieben bis ins Spätmittelalter hinein fließend, erst allmählich entwickelte sich eine spezifische Stadtkultur. Selbst in größeren Städten spielte die Landwirtschaft neben Handwerk und Handel noch lange eine bedeutende Rolle, sei es, dass Ackerbau für die Eigenversorgung im »Nebenerwerb« betrieben wurde, sei es, dass Bauern als »Ackerbürger« mit allen Bürgerrechten in der Stadt lebten. In kleineren Städten stellten die Ackerbürger oft sogar die Mehrheit der Bevölkerung.

Markgröningen

Markgröningen kann auf eine kurze Karriere als Reichsstadt und auf eine lange Geschichte als württembergische Amts- und Oberamtsstadt zurückblicken. Ihre Blütezeit erlebte die Stadt im 15. Jahrhundert. Während der württembergischen Landesteilung 1442 bis 1482 war sie nördlicher Hauptort des Uracher Landesteils. Trotz der überörtlichen Bedeutung der Stadt und der vier Märkte, die jedes Jahr abgehalten werden durften, blieben Ackerbau, Weinbau, Vieh- und Schafhaltung sowie die an sie anknüpfenden Handwerke der Müller, Küfer, Böttcher, Wagner, Sattler, Bäcker und Metzger die wichtigsten Wirtschaftszweige.

Die schönsten Ackerbürgerhäuser stehen in der engen Finsteren Gasse, fast berühren sich die weit auskragenden Giebel. Platz war knapp, deshalb wurde in die Höhe gebaut. Der Stall befand sich im Erdgeschoss, gewohnt wurde im ersten Stock, die Obergeschosse dienten als Schütten für Getreide. In den Scheunen hinter den Häusern lagerte man Heu und Stroh. Beim Haus Finstere Gasse 4 führte der Zugang zur Scheune ursprünglich durch eine Durchfahrt links des Hauseingangs, im Anwesen gegenüber überwölbt ein schöner Steinbogen die Hofeinfahrt. Vom Wohlstand der einstigen Besitzer zeugen die gemütlichen Bohlenstuben, von der Straße aus an den etwas über die Hausfassade herausragenden Fenster-Erkern zu erkennen. Gut hundert Jahre älter und weitaus schlichter zeigt sich dagegen das Ackerbürgerhaus Schlossgasse 8 aus dem Jahr 1347. War der Bauer auch Weingärtner, besaß das Haus zur Straße hin einen mit einem Rundtor verschlossenen Kellereingang, durch den die Weinfässer bequem eingelagert werden konnten.

Bereits im Jahr 1424 wird eine Kelter genannt, die Obere Kelter wurde 1491 erbaut. Die Weingärtner waren verpflichtet, hier ihre Trauben gegen Abgabe des Kelterweins und des Weinzehnten pressen zu lassen. Zur Aufnahme des Getreidezehnten diente die Zehntscheuer, das heutige Gebäude wurde 1790 anstelle eines Vorgängerbaus errichtet. Um für Notzeiten gerüstet zu sein, ordnete Herzog Eberhard I. 1495 an, in vier württembergischen Städten »Kästen« für die Einlagerung von Getreide einzurichten. Das Gebäude des Markgröninger Landesfruchtkastens war bereits 1468/69 als Speicherbau errichtet worden.

Das bedeutendste Bauwerk der Stadt ist zweifellos das imposante Fachwerk-Rathaus von 1441/42 mit ursprünglich offenen Lauben im Erdgeschoss. Im Mittelalter hatte es viele Funktionen zu erfüllen, war Kaufhaus, Brot- und Fleischbank, im ersten Stock wurde der Wollmarkt abgehalten, im Obergeschoss befand sich die Rats- und Gerichtsstube und nicht zuletzt war es Tanzhaus. Das älteste der markanten Gebäude am Marktplatz ist das heutige Hotel-Restaurant »Herrenküferei«, erbaut 1414, nur wenig jünger das Gasthaus »Krone« aus dem Jahr 1427/28. Der Bau des Marktbrunnens, eines modernen Röhrenbrunnens, im Jahr 1499 war vor allem für die Hausfrauen eine Erleichterung. Nun mussten sie das Wasser nicht mehr mühsam aus der Tiefe heraufziehen, sondern konnten den Kübel bequem unter den Wasserstrahl stellen. Gespeist wurde der Brunnen aus einer Quelle im oberen Leudelsbachtal, über eine hölzerne Deichelleitung wurde das Wasser in die Stadt geführt.

Markgröningen: Ackerbürgerhäuser in der Finsteren Gasse

Die Stadtkirche erhielt ab 1469 durch den Baumeister Aberlin Jörg ihren spätgotischen Chor. In der Lateinschule am Kirchplatz wurde Latein und Mathematik gepaukt. Geschrieben wurde mit einem Griffel auf Wachstafeln – Holztafeln, in

Chapeau claque
Marktstüble

Oberdeutscher Fachwerkbau in Vollendung: spätgotisches Rathaus in Markgröningen

die dunkles Wachs gefüllt wurde. Selten waren es mehr als zwölf Jungen, Mädchen waren gar nicht zugelassen. Eine allgemeine Schulpflicht und einen einheitlichen Lehrplan kannte man im Mittelalter nicht. Eine Lateinschule erscheint erstmals 1354 in den Quellen, das stattliche Schulgebäude Kirchplatz 7 wurde zwischen 1486 und 1491 in schönem Fachwerk erbaut.

Das Heilig-Geist-Spital wurde bereits im ausgehenden 13. Jahrhundert gegründet, das Pfründnerhaus, ein mächtiger Fachwerkbau, 1507 erneuert. Bei der Sanierung fand man Wandmalereien des späten 15. Jahrhunderts, die nun den modernen Teil der Spitalkirche Heilig-Geist schmücken. Der Chor der Kirche stammt aus dem frühen 14. Jahrhundert, für Sakristei und Turm zeichnet Johannes Betz verantwortlich, Spitalmeister von 1507 bis 1532.

Im Umkreis

Die ehemalige Wallfahrtskirche Sankt Katharina in ***Eglosheim*** *gilt als bedeutendes Bauwerk am Beginn der Blütezeit neckarschwäbischer Spätgotik. Der 1450 anstelle einer Vorgängerkirche errichtete Neubau der Alexanderkirche in* ***Marbach am Neckar*** *ist das Werk Aberlin Jörgs, auch das Langhaus mit seinem achtstrahligen Sternrippengewölbe wird neuerdings ihm zugeschrieben. Die ehemalige Stiftskirche Johannes der Täufer in* ***Oberstenfeld,*** *um 1200 als dreischiffige*

Michaelsberg: Altarziborien in der Michaelskirche

Säulenbasilika erbaut, zählt zu den bedeutendsten romanischen Kirchen des Landes. Staufische Baukunst vermittelt ***Burg Lichtenberg*** *über dem Bottwartal, eine »mystische Mühle« bewahrt die Friedhofskirche Sankt Kilian in* ***Mundelsheim*** *als Motiv eines Wandgemäldes. Ziborien, steinerne Baldachine über den Altären, sind in der Pfarrkirche Sankt Martin in* ***Hessigheim,*** *in der Michaelskirche auf dem* ***Michaelsberg bei Cleebronn*** *und in der ehemaligen Wallfahrtskirche zum Heiligen Kreuz in* ***Nußdorf*** *erhalten. Einen Lettner aus dem 15. Jahrhundert kann man noch in Sankt Cyriakus in* ***Bönnigheim*** *sehen.*

Sindelfingen

Im Stadtbild Sindelfingens lassen sich zwei getrennte und ursprünglich jeweils durch eigene Mauern geschützte Siedlungsbereiche unterscheiden. Auf einem flachen Höhenrücken liegt der Stiftsbezirk mit der ehemaligen Stiftskirche Sankt Martin, die Stadt schließt sich am abfallenden Hang an. Bis heute wird die Grenzlinie durch die Verkehrsachse der Ziegelstraße betont.

Sindelfingen: Fachwerk in der Kurzen Gasse

Mitte des 11. Jahrhunderts gründeten die späteren Grafen von Calw auf dem Hügel ein Benediktinerkloster, das bereits 1066 in ein Chorherrenstift umgewandelt wurde. Die Grundsteinlegung der romanischen Martinskirche, einer flachgedeckten Basilika nach Hirsauer Vorbild, fand vermutlich im Jahr 1083 statt. Das Türblatt im Westportal besitzt noch die originalen romanischen Beschläge aus dem 12. Jahrhundert. Pfalzgraf Rudolf I. von Tübingen-Herrenberg, der Scherer, gründete um 1263 die Stadt Sindelfingen und stattete sie mit Tübinger Recht aus. 1351 war Sindelfingen im Besitz der Grafen von Württemberg. Graf Eberhard im Bart verlegte das Chorherrenstift 1477 zur Finanzierung seiner Universität nach Tübingen. Noch im gleichen Jahr wurde in Sindelfingen das Augustiner Chorherrenstift gegründet, das die Martinskirche samt Stiftsgebäuden übernehmen sollte.

In der Stadt Sindelfingen lebten überwiegend Ackerbürger und Handwerker. Von den 183 bewohnten Häusern, die sich am Ende des Mittelalters nachweisen lassen, waren 143 bäuerliche Anwesen, teils Einhäuser mit Scheune, Stall und Wohnhaus unter einem Dach, teils Gehöfte mit separater Scheune. Nur wenige Häuser besaßen ein drittes Geschoss, wie das Haus Hintere Gasse 39 aus dem Jahr 1427, die meisten waren zweigeschossig. Das 1475 erbaute »Haus zum Hexensprung« bewohnte zeitweise die reichste Sindelfinger Bauernfamilie. Eine bauliche Rarität ist das Firstständerhaus von 1447 am Schaffhauser Platz, bei dem die tragende Säule vom Boden bis zum First reicht, vielleicht war es einst ein Taglöhnerhaus des Stifts. Schmuckstück der Stadt ist das Alte Rathaus von 1478. Im ersten Obergeschoss befanden sich Bürgersaal und Tanzbühne, die damals noch recht einfache Verwaltung begnügte sich mit Ratssaal und drei Stüblein im zweiten Obergeschoss.

Im Umkreis

Das Alte Schloss in ***Stuttgart,*** *heute das Landesmuseum Württemberg, stammt im Kern aus dem 10. Jahrhundert. Um 1245 kam Stuttgart an die Württemberger, die um 1325 die Burg ausbauten, erhalten blieb aus dieser Zeit der mächtige Dürnitzbau mit dem zweischiffigen Keller im Südostflügel. Der erste Württemberger in Stuttgart, Graf Ulrich I. der Stifter, ruht mit seiner zweiten Gemahlin Agnes von Liegnitz in der Stiftskirche. Die Veitskirche im Stuttgarter Stadtteil* ***Mühlhausen*** *ist berühmt*

Die romanischen Beschläge am Westportal der Stiftskirche Sankt Martin sind noch original erhalten.

durch ihre gotische Ausstattung, die Prager Künstler schufen. Einzigartig ist das Glockenmuseum unter der Zwiebelhaube des Turms der Stiftskirche in ***Herrenberg****. 30 Glocken aus zehn Jahrhunderten sind nicht nur zu betrachten, sondern zu festgelegten Zeiten auch zu hören. Im heutigen Gasthaus »Schwarzer Adler« in* ***Leonberg,*** *einem hochgotischen Steinhaus mit Fachwerkobergeschoss, tagte im November 1457 möglicherweise der erste württembergische Landtag. Das dreigeschossige, giebelständige Fachwerk-Rathaus wurde um 1480 gebaut. Baumeister der spätgotischen Dorfkirche Sankt Michael im Leonberger Ortsteil* ***Eltingen*** *war Peter von Koblenz.*

Info

Herrenberg, Glockenmuseum in der Stiftskirche:
April–Oktober Mi 14.30–17 Uhr, Sa 14.30–18.30 Uhr, So und Feiertage 11.30–17 Uhr, November–März Mi, So und Feiertage 14.30–16 Uhr, Sa 17–18.30 Uhr, Telefon (0 70 32) 92 42 24.

Stuttgart: Altes Schloss mit Schlosskapelle

Bäuerliche Welt

Geradezu revolutionär waren die Veränderungen, die sich vom 9. bis zum 13. Jahrhundert in der Landwirtschaft vollzogen. Die schon in der Karolingerzeit bekannte Dreifelderwirtschaft setzte sich jetzt überall durch und löste das bisherige Zweifelder-System ab. Auf einem Feld baute man Sommergetreide, auf dem anderen Feld Wintergetreide an und nur den dritten Abschnitt ließ man brach liegen, damit sich der Boden regenerieren konnte. Statt des Hakenpflugs, der den Boden lediglich aufritzte, arbeitete man mit dem Wendepflug und in der Getreideernte kam anstelle der Sichel die Sense zum Einsatz. Die Erfindung des Kummets, eines Geschirrs, das Zugtieren um den Hals gelegt werden konnte, ohne ihre Atmung zu behindern, ermöglichte den Einsatz von Pferden in der Landwirtschaft. Die bisher gebräuchlichen Joche hatte man an den Hörnern der Ochsen befestigt. Dank all dieser Neuerungen wurde es möglich, die landwirtschaftlichen Erträge zu verdreifachen – Grundlage für die Entwicklung der Städte und die kulturelle Blüte des Spätmittelalters. Dennoch blieb die mittelalterliche Gesellschaft agrarisch bestimmt, lebten doch weiterhin gut 90 Prozent der Bevölkerung von der Landwirtschaft.

Sulzbachtal

Auch Landschaften lassen sich wie Geschichtsbücher lesen. So weisen in einigen Schwarzwaldtälern dicht mit Besenginster bewachsene steile Hänge, in die Gruppen von Birken und in flacheren Lagen auch Bäume der wilden Vogelkirsche eingestreut sind, auf die alte landwirtschaftliche Nutzungsform der Reutbergwirtschaft hin. In einer Art Dreifelderwirtschaft wurde in den ersten Jahren der

Besenginsterweide bei Mooswald im Sulzbachtal

Boden beackert, anschließend über mehrere Jahre beweidet, bis aufkommender Besenginster und Gehölz dies nicht mehr zuließen. Nun wurde das Brennholz genutzt, die Rasendecke abgezogen, »geschorbt«, und zusammen mit Buschwerk und übrigem Gehölz verbrannt. Die Asche ackerte man unter und konnte nun wieder Roggen und Hafer anbauen. Vielseitig waren die Nutzungsmöglichkeiten des Besenginsters, aus seinen Ruten wurden Besen gebunden und er lieferte Fasern für die Herstellung von Säcken. Mitte des 20. Jahrhunderts war die Zeit der Reutbergwirtschaft, die in einigen abgelegenen Tälern überlebt hatte, endgültig vorbei. Die wenigen noch existierenden typischen Reutweiden sollen jedoch durch entsprechende Pflege erhalten bleiben. 1995 wurden fünf Bauernhöfe im mittleren Sulzbachtal, das zu Lauterbach gehört, mit dem Kulturlandschaftspreis des Schwäbischen Heimatbundes ausgezeichnet, weil sie durch ihre Wirtschaftsweise den »Erfordernissen einer Kulturlandschaft von höchstem Wert« Rechnung tragen.

Noch lebendig ist im Sulzbachtal, einem der schönsten Hochtäler des Mittleren Schwarzwalds, die Waldweide. Man sollte sich also nicht wundern, wenn einem im lichten Kiefernwald ein Trupp Rindviecher begegnet. Im Mittelalter hatte die Waldweide große Bedeutung, denn durch die Ausweitung der Ackerflächen wurde offenes Weideland knapp. Neben Rindern trieb man auch Schweine, Schafe, Ziegen, Pferde und Gänse über unterschiedlich lange Zeiträume des Jahres hinweg in die halboffenen »Hudewälder«.

Der Wald wurde überhaupt intensiv genutzt, man kann geradezu vom Mittelalter als dem Holzzeitalter sprechen. Holz war der wichtigste Baustoff, Häuser wurden überwiegend in Fachwerkkonstruktion oder gar als Holzbohlenhäuser errichtet. Holz war als Werkstoff für die Herstellung von Alltagsgeräten und Werkzeugen unverzichtbar. Und Holz war der wichtigste Energielieferant. Um Brennholz zu gewinnen, schlug man sein Holz immer wieder an derselben Stelle und ließ dann die Baumstümpfe wieder austreiben. Weil nicht alle Baumarten diese rücksichtslose Behandlung vertrugen, änderte sich allmählich die Zusammensetzung der Wälder, Buchen wurden durch Eichen und Hainbuchen verdrängt. Viele unserer heutigen Eichen-Hainbuchen-Wälder entstanden in jener Zeit.

Im Umkreis

Über Schramberg thront die imposante Ruine der ***Burg Hohenschramberg****, Hans von Rechberg hatte sie in den Jahren 1457 bis 1459 errichtet, seine Nachfolger bauten sie zur Festungsburg aus. Südlich von Schramberg liegt auf einem Fels über der Schiltach die bereits 1030 genannte* ***Doppelburg Falkenstein,*** *auf*

Scheibenkreuze an der Kirche Sankt Nikolaus in Buchenberg

der anderen Talseite steht auf einem Hügel die ***Falkensteiner Kapelle*** *mit einer um 1515 entstandenen und dem Rottweiler Bildhauer Conrad Rötlin zugeschriebenen »Beweinung Christi«. Eine kulturhistorische Rarität ist Sankt Nikolaus in* ***Buchenberg****. Der romanische Kirchenraum mit gotischem Chor und rustikalem Gestühl wurde um 1420 vollständig ausgemalt. Das »Herrgöttle von Buchenberg« (im Chor eine Kopie) gehört zu den wenigen romanischen Holzbildwerken im südwestdeutschen Raum. Zu einem malerischen Motiv verbinden sich Schwarzwaldhof und* ***Burg Waldau****.*

Info

Schramberg, Falkensteiner Kapelle: *1. Mai–15. September, 9–19 Uhr, 16. September–30. April 10–17 Uhr.*

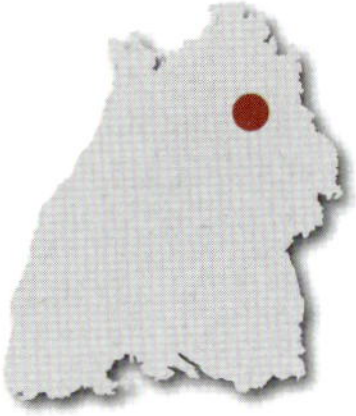

Bauernhaus im Freilandmuseum Wackershofen

Ländliche Bauernhäuser aus dem Mittelalter haben nur selten die Zeiten überdauert. Umso wertvoller ist das 1551 errichtete Wohnstallhaus aus Zaisenhausen, das zur Zeit im Hohenloher Freilandmuseum wieder aufgebaut wird. Selbst seine ursprüngliche Innenstruktur war noch weitgehend erhalten, ein ganz besonderer Glücksfall. Schon ein erster Blick in das Haus zeigt, das sich das Leben auf dem Land zumindest im Spätmittelalter längst nicht so ungemütlich und finster gestaltete, wie es oft beschrieben wird. Ähnlich wie in städtischen Ackerbürgerhäusern befand sich im gemauerten Erdgeschoss der Stall. Die Großzügigkeit des Hauses erschließt sich jedoch erst richtig bei einem Gang durch die Wohnräume im ersten Obergeschoss. Die Stube misst immerhin über 30 Quadratmeter, ein L-förmiger Flur erschließt die Küche und die drei Kammern, im Obergeschoss sind zwei weitere Kammern untergebracht.

Auch die Ausfachung der Wände ist noch weitgehend original erhalten, in einer der Kammern bleibt der Wand- und Deckenaufbau für Besucher sichtbar. Die Wände bestehen aus Lehmflechtwerk zwischen den Eichenbalken, an der Decke sind

Freilichtmuseum Wackershofen: Kleinhaus aus Oberstenfeld mit mittelalterlicher Einrichtung

die Stickscheiter zu erkennen, die, mit Stroh und Lehm ummantelt, in die Nut der Deckenbalken eingefügt wurden.

Die holzvertäfelte gemütliche Stube war durch einen Kachelofen von der Küche aus beheizbar und blieb somit rauchfrei. Hier spielte sich das häusliche Leben ab, vom Essen und Trinken bis zum Hauswirtschaften, Handwerken, Ausruhen und Feiern. Gekocht wurde in der Küche über offenem Feuer auf dem gemauerten Herd. Der Rauch zog über einen Rauchfang in den Bühnenraum und suchte sich dann seinen Weg durch die Ritzen im Dach. Bei ungünstiger Wetterlage kam es schon vor, dass die Küche so in Rauch gehüllt war, dass man sich bücken musste, um an den Füßen zu erkennen, wer sonst noch im Raum war. Die Einrichtung des Hauses orientiert sich an spätmittelalterlichen Vorbildern. Ein Tisch und einfache Bänke ohne Rückenlehne in der Stube, zwei Betten und ein oder zwei Truhen in der Schlafkammer, Schränke sind für das Spätmittelalter im ländlichen Raum nicht bekannt.

Älter als das Zaisenhauser Bauernhaus ist das Oberstenfelder Kleinhaus aus dem Jahr 1482 – es umfasst nur eine mit Bänken, Tisch und Truhe eingerichtete Stube und den L-förmigen Küchenbereich, der zugleich als Stall und Abstellraum diente.

Freilichtmuseum Wackershofen: Flechtwände im spätmittelalterlichen Bauernhaus aus Zaisenhausen

Info

Hohenloher Freilandmuseum Wackershofen:
März–April und Oktober–November Di–So 10–17 Uhr, Mai und September Di–So 9–18 Uhr, Juni–August täglich 9–18 Uhr, Telefon (07 91) 97 10 10.

Neckartailfingen

Während mittelalterliche Bauernhäuser meist umgebaut und erneuert wurden, blieb in vielen Dörfern die Kirche erhalten. Zu den bedeutendsten Dorfkirchen Süddeutschlands zählt die romanische Martinskirche in Neckartailfingen. Den frühesten Hinweis auf eine Kirche im Ort gibt der Codex Hirsaugiensis. Ihm zufolge schenkten die Grafen Liutold und Cuno von Achalm ihren Besitz in Neckartailfingen, bestehend aus zehn Huben, einem Herrenhof und der Hälfte der Kirche, dem Kloster in Hirsau. Datieren lässt sich diese Schenkung auf die Zeit um 1080.

Über die Auftraggeber und das Baudatum der neuen Kirche schweigen die Quellen, doch die dendrochronologische Untersuchung des in Teilen noch originalen Dachstuhls ergab, dass das Dachwerk im Jahr 1111 aufgesetzt wurde. Damit fällt der Kirchenbau in die Zeit des Abtes Bruno von Hirsau. Eine Grabinschrift in der Vorhalle könnte sich somit auf Hailwig von

Spitzenberg beziehen, die mit Konrad von Württemberg, einem Neffen Abt Brunos, verheiratet war. Hailwig und Konrad sind also mögliche weitere Stifter der Kirche.

Die durch die Schenkung gegebene Beziehung zum Kloster Hirsau bestätigt ihre Architektur, die Verwandtschaft mit der Aureliuskirche in Hirsau und der Hirsauer Prioratskirche in Kleincomburg zeigt. Die Martinskirche steht etwas erhöht über dem Ortskern im eingezäunten alten Friedhof. Der leicht schiefe spätgotische Turm, aus großen Quadern errichtet, an denen noch die Löcher der Hebezangen zu sehen sind, verrät Knollenmergel im Baugrund. Ursprünglich schloss die Kirche im Westen mit einer Doppelturmfassade ab. Man betritt die dreischiffige Säulenbasilika durch die tonnengewölbte Vorhalle, das Paradies. Im Langhaus überraschen die für die Romanik ungewöhnlich hohen, steilen Proportionen, die dem eigentlich kleinen Kirchenraum Monumentalität verleihen, eine Wirkung, die durch die sechs mächtigen, aus einem Stück gearbeiteten Säulen noch verstärkt wird. Die Würfelkapitelle besitzen die typischen »Hirsauer Nasen«. Zu Beginn des 20. Jahrhunderts entdeckte man die Wandmalereien, die wohl um 1300 entstanden sind. Im Chor erkennt man den heiligen Martin hoch zu Ross, den Patron der Kirche, in der Hauptapsis thront Christus als Weltenrichter.

Die romanische Kirche Sankt Martin in Neckartailfingen

Martinskirche Neckartailfingen: thronender Christus in der Hauptapsis

Die Martinskirche in Neckartailfingen war Mittelpunkt für zehn Filialgemeinden. Im 13. Jahrhundert kam Neckartailfingen zu Württemberg. Besitz in Neckartailfingen hatte unter anderem auch das Chorherrenstift Sankt Martin in Sindelfingen. Nach der Gründung der Universität Tübingen durch Graf Eberhard im Bart flossen Einnahmen aus diesen Gütern der Universität zu.

Im Umkreis

Die Pelagiuskirche in ***Denkendorf*** *– das »Klein-Jerusalem« des Mittelalters – wurde anstelle der alten Dorfkirche um 1200 nach dem Vorbild der Jerusalemer Grabeskirche errichtet. Eine Oberkirche sollte Golgatha symbolisieren, die Unterkirche das Heilige Grab aufnehmen. Eine Wallfahrt nach Denkendorf, wo man Tod und Auferstehung Christi so eindrucksvoll nachempfinden konnte, war gleichbedeutend mit einer Pilgerfahrt nach Jerusalem.*

Info

Neckartailfingen, Martinskirche: *Sommer 9–18 Uhr, Winter 9–16 Uhr.*

Universität und Gelehrsamkeit

Der ständig zunehmende Wissensdurst des Mittelalters fand seine Entsprechung in der Gründung von Universitäten. Für knapp sieben Jahrzehnte war die 1386 eröffnete Universität Heidelberg die einzige im Südwesten, dann folgten im Abstand weniger Jahre Freiburg und Tübingen sowie das nahe Basel. Wer eine Universität besuchen wollte, brauchte keinen bestimmten Schulabschluss, aber er musste die Universitätssprache Latein beherrschen. Bei Studienbeginn waren die Scholaren in der Regel 14 bis 16 Jahre alt. Sie traten zunächst in die Artistenfakultät ein, in der die »sieben freien Künste« gelehrt wurden, im Trivium Grammatik, Dialektik und Rhetorik, im Quadrivium Musik, Geometrie, Arithmetik und Astronomie. Wer diesen Teil des Studiums erfolgreich abschloss, konnte sich baccalaureus nennen. Dann folgten die höheren Fakultäten der Theologie, Jurisprudenz und Medizin, an deren Absolventen die akademischen Grade licentiatus, magister und doctor vergeben wurden.

Tübingen

Brunnen des Lebens« nannte Graf Eberhard im Bart seine Universität in Tübingen. Für das kühne Unterfangen ihrer Gründung im Jahr 1477 bedurfte es Mut, Umsicht und Entschlossenheit – gemäß Eberhards Wahlspruch »Attempto«, ich wag's. Die Finanzierung war trotz bescheidener Mittel auf eine solide Basis zu stellen, vom Papst benötigte man die Einwilligung, die Universitätsgebäude mussten errichtet werden. Schließlich sollten ausgezeichnete Professoren gefunden werden, denn sie brachten auch die Scholaren mit. Ein erster vorbereitender Schritt war die weitgehende

Die Bursa, das älteste Gebäude der Universität Tübingen

Verlegung des Chorherrenstifts Sindelfingen nach Tübingen und damit die Sicherung von Einkünften für die Universität. Große Unterstützung erhielt Eberhard durch seine Mutter Mechthild, die als Tochter des Pfalzgrafen Ludwig III. in der Universitätsstadt Heidelberg aufgewachsen war. Aufgeschlossen für Kunst und Wissenschaft war sie auch eine vorzügliche Begleiterin für ihren Ehemann Erzherzog Albrecht VI. von Österreich bei seiner Universitätsgründung in Freiburg 1457. Tübingen, die alte Stadt, in der einst die Pfalzgrafen von Tübingen auf der Burg residierten, war eine gute Wahl für eine Universitätsstadt. Ihre Lage am Neckar dürfte mit ausschlaggebend gewesen sein, denn so konnten die für die Bauten notwendigen riesigen Mengen an Nadelholz aus dem Schwarzwald herangeflößt werden.

Auf den Spuren der Scholaren kann man in Tübingen auch heute noch wandern. Zwar fehlt der Morast, aber winkelig, uneben und krumm sind die Gässchen in der Altstadt immer noch. Auch der Neckar und die vielen Stäffele sind noch da. In der Bursa, dem ältesten Universitätsgebäude, wohnten und studierten die Artisten. Die Alte Aula war 1547 anstelle der »Sapienz« als Hauptgebäude der Universität errichtet worden. Düster ist es im ältesten Universitätskarzer Deutschlands, dort mussten die Scholaren hinter Türen, die mit dicken Eichenbalken verschlossen waren, ausharren, wenn sie etwa die falsche Kleidung getragen, Vorlesungen oder Predigten versäumt und an Würfelspielen teilgenommen hatten oder gar betrunken in Schlägereien verwickelt worden waren. In der Stiftskirche sind die Stifter Eberhard (1445–1496) und Mechthild (1419–1482) beigesetzt. Die Glasfenster, die von einer Straßburger Werkstattgemeinschaft unter Mitwirkung von Peter Hemmel von Andlau geschaffen wurden, zeigen neben den Stiftern auch die ersten Tübinger Professoren. In den Anfangsjahren diente der Chor der Stiftskirche der Universität als Aula. Das Nonnenhaus am Ammerkanal besitzt noch die Außentreppe ins Obergeschoss, im Erdgeschoss befanden sich die Wirtschaftsräume des Beginenklosters. Nach der Auflösung des Klosters wohnte um 1549 der Tübinger Medizinprofessor Leonhart Fuchs mit seiner Familie in dem hübschen Fachwerkhaus.

Blick in den Chor der Tübinger Stiftskirche

Die Zisterzienserabtei Bebenhausen

Papier zum Beschreiben wurde in der zweiten Hälfte des 14. Jahrhunderts zu einem begehrten Artikel, den man zunächst für teures Geld aus Italien einführen musste. Die erste Papiermühle in Deutschland wurde 1390 in Nürnberg gegründet, 1393 begann die Papiermühle in Ravensburg mit der Produktion. Um Schriften verbreiten zu können, war schließlich der Buchdrucker gefragt. 1439 experimentierte Gutenberg in Straßburg, 1460 konnte die Produktion anlaufen. In Tübingen war der Buchdrucker Thomas Anshelm sehr erfolgreich, er druckte Schriften von Melanchthon, Reuchlin und Stöffler.

Im Umkreis

Mitten im Schönbuch liegt die Zisterzienserabtei ***Bebenhausen.*** *Zu den zahlreichen baulichen Höhepunkten zählt das Sommerrefektorium, einer der schönsten Saalbauten der Gotik. Im einstigen Wirtschaftshof breitet sich heute das Dorf Bebenhausen aus. Die Marienkirche (1343) in* ***Reutlingen*** *wurde Vorbild für die bürgerlichen Stadtkirchen Schwabens, die ehemalige Wallfahrtskirche Unserer lieben Frau im Stadtteil* ***Bronnweiler*** *gehört zu den bemerkenswertesten Dorfkirchen des Neckarlandes. Ein Juwel am rechten Neckarufer in* ***Rottenburg*** *ist die Pfarrkirche Sankt Moriz aus dem 14. Jahrhundert mit ihren wertvollen gotischen Wandmalereien.*

Medizin und Hygiene

Im frühen und hohen Mittelalter lag die Heilkunde und die medizinische Versorgung vor allem im Aufgabenbereich der Klöster. In ihren Krankenstuben wurden Kranke gepflegt, in ihren Schreibstuben die medizinischen Schriften der großen Gelehrten der Antike aus dem Griechischen ins Lateinische übersetzt und nutzbar gemacht. Daneben gab es aber auch eine große Zahl heilkundiger Laien, über deren Wissen allerdings wenig bekannt ist, da es nur selten schriftlich fixiert wurde. Im 12. Jahrhundert entstanden zunehmend Schulen für Laienärzte, aus denen sich die medizinischen Fakultäten entwickelten. Ein Medizinstudium dauerte nun fünf bis sechs Jahre. Zunächst gehörte auch die Chirurgie zum Lehrstoff, im Spätmittelalter wurde aus ihr jedoch ein Handwerksberuf. Während der Arzt oder physicus für die innere Medizin zuständig war, behandelte der Wundarzt oder chirurgicus Knochenbrüche und Wunden. Die medizinische Versorgung der breiten Bevölkerung oblag in erster Linie den Badern.

Leprosenhaus in Bad Wurzach

Eine der heimtückischsten Krankheiten, mit der die Menschen des Mittelalters zu kämpfen hatten, war die Lepra, die von Arabien und Palästina bis nach Europa vorgedrungen war. Für die ansteckende Infektionskrankheit gab es keine Heilung, die einzige Möglichkeit sie einzudämmen, bestand darin, die Kranken von den Gesunden zu trennen. Das Laterankonzil von 1179 regelte unter Rückgriff auf ältere Bestimmungen den gesellschaftlichen Umgang mit Leprakranken.

Das Leprosenhaus in Bad Wurzach

Danach sollten sich die Kranken zu einem gemeinsamen Leben zusammenschließen und eigene Begräbnisstätten und Kirchen einrichten, von der Zahlung des Zehnten waren sie befreit. In der Folge entstanden am Rande der Städte an Hauptverkehrswegen Leprosenhäuser, die ähnlich wie die Spitäler eingerichtet waren. Zu ihnen gehörten eine Kapelle sowie Reb- und Ackerflächen. In Leprosenordnungen wurde verfügt, dass jeder Lepraverdacht dem Rat der Stadt anzuzeigen sei, die Betroffenen hatten sich einer Lepraschau durch ein Gremium vereidigter Stadtärzte zu unterziehen. Wurde Lepra festgestellt, verlor der Bürger nahezu alle Rechte und musste sich der Ausgrenzung unterziehen. Wer nicht in eines der Leprosenhäuser aufgenommen wurde, war gezwungen, auf der Straße zu leben. Für den Unterhalt der Häuser kamen die Kirchen, die Herrschaft und die Städte auf, wobei die Kranken durch Betteln ihr Scherflein beitragen mussten. Zum Dank für die guten Gaben der Obrigkeit hatten sie die Aufgabe, täglich für deren Seelenheil zu beten. Ein Leprosenmeister sorgte für Ordnung, die Arbeit verrichteten Knechte und Mägde und die Kranken selbst, solange es ihnen möglich war.

In Bad Wurzach wird 1355 erstmals ein Leprosenhaus erwähnt, es gehört somit zu den ältesten in Schwaben. Der heutige Bau stammt aus dem Jahr 1696, steht aber auf mittelalterlichen Fundamenten. Das Anwesen mit der zugehörigen Kapelle und einem Garten ist als Museum eingerichtet. Im oberen Stockwerk sind die einfachen Kammern der Kranken zu sehen – ohne Ofen, mit Bett und Strohsack. Ein Kirschkernkissen, am Stubenofen gewärmt, brachte Erleichterung für die verkrüppelten, gefühllosen Glieder. Auf dem Tisch steht ein Glas mit einer Kreuzotter, denn Schlangenfleisch galt als Heilmittel gegen Aussatz. An einem Haken hängen der dunkle Umhang, die Siechenkappe und die Handschuhe, die der Kranke tragen musste, wenn er in die Stadt zum Betteln gehen wollte. Dazu ein langer Bettelstab und ein Brotsack. Mit der Lepraklapper, auch Rite genannt, hatte er auf sich aufmerksam zu machen.

Im Umkreis

Reichenhofen *ist der Heimatort des berühmten Bildhauers Hans Multscher. Die Muttergottes in der Pfarrkirche Sankt Laurentius schuf er 1425/30 am Anfang seiner künstlerischen Laufbahn. Auch die Madonna in der Wallfahrtskirche Sankt Maria in* ***Rötsee*** *wird ihm zugeschrieben. Das »Gotische Haus« in der einstigen Reichsstadt* ***Leutkirch,*** *in den Jahren 1377 bis 1379 erbaut, gehört zu den ältesten Häusern Oberschwabens. Im Innern wurden gotische Wände, Decken und Öfen freigelegt.*

Info

Bad Wurzach, Leprosenhaus, *Ravensburger Straße: 1. April–31. Oktober, Sa, So und Feiertage 14–17 Uhr, Telefon (0 75 64) 30 21 50.*

Leprosenklapper, Handschuhe und Schlangenmedizin. Rechts: Madonna von Hans Multscher, Reichenhofen

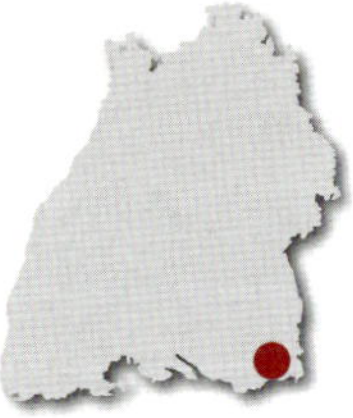

Badstube in Wangen im Allgäu

In der denkmalgeschützten ehemaligen Reichsstadt Wangen gab es im 15. Jahrhundert drei Badstuben, die Obere Badstube, die Untere Badstube und das Dolfisbädlin. Alle drei lagen an oder in der Nähe der Stadtmauer, ihr Wasser bekamen sie von der nahen Eselmühle, das Schmutzwasser wurde in die Argen geleitet. Erhalten blieb nur die Obere Badstube, 1409 wurde sie erstmals erwähnt, 1589 ersetzte man sie durch einen großzügigeren Neubau. Die Badstubenausstattung ist noch weitgehend vorhanden und so erlaubt das Badstubenmuseum das Eintauchen in die Badefreuden des späten Mittelalters.

Die Badstuben dienten vorrangig der Körperreinigung und der Körperpflege, mindestens einmal wöchentlich wurden sie aufgesucht, boten sie doch neben der Reinlichkeit auch allerlei Kurzweil. Doch die Bader waren auch Heilende, die ihren Beruf erlernt hatten. Für weite Teile der Bevölkerung war das Bad der einzige Ort medizinischer Versorgung. Das Angebot war vielseitig, im Fokus jeder Behandlung stand das Gleichgewicht der vier Körpersäfte. Als Gesundbrunnen erster Güte galt die Schwitzkur, die bis zu fünf Stunden dauerte. Der Bader goss Wasser auf die heißen Steine, bis der Badegast auf der Schwitzbank in dichten Dampf gehüllt war. Wurde es ihm zu heiß, ließ er sich den Schweiß mit Wasser und Lauge vom Leib waschen. Wer mochte, konnte auch ein Wannenbad in kräuterduftendem Wasser nehmen. Meist saß man zu zweit im Zuber, Badknechte gossen immer wieder wohltemperiertes Wasser nach. Anschließend wurde man geschrubbt und geschröpft, bekam gegebenenfalls Zähne gezogen und Wunden gepflegt oder man wurde zur Ader gelassen. Schröpfköpfe setzen, das heißt die Gläser über einer Flamme erhitzen und als Saugnäpfe auf die Haut setzen, war für die Bader, da die Gläser einzeln berechnet wurden, ein gutes Geschäft, so gut, dass manch ein Gesundheitsapostel gar überschröpft wurde. Beim Haare schneiden, kämmen und Rasieren, das im Bad auch gerne mit besorgt wurde, protestierten die Barbiere, denn das war eigentlich ihr Brot. Berichten über

Hygiene im Mittelalter: die Badstube in Wangen im Allgäu

unsittliches Treiben in den Badstuben sollte man nicht zu viel Glauben schenken, die meisten Betriebe waren ehrbar. Es war auch nicht üblich, nackt zu baden, vielmehr trug die Frau ein kurzes, ärmelloses Hemd, die »Badehr«, und der Mann eine Badehose, die »Bruoch«.

Die ersten Badstuben waren mit Holz gedeckt, doch das führte öfter zu Unfällen, denn Holz fing durch den Wasserdampf schnell zu faulen an. Und so kam es schon vor, dass Decke und Dielenboden brachen und die Ruhesuchenden im darüberliegenden Raum in die Badstube purzelten. Zur Erhöhung der Sicherheit wurden deshalb die reizvollen steinernen Kreuzgewölbe eingezogen.

Im Umkreis

*Die Wohnturmburg in **Oflings** war einst eine Ministerialenburg des Klosters St. Gallen. In der Pfarrkirche Sankt Georg in **Ratzenried** steht ein gotischer Taufstein mit Maßwerk verziert*

Vom benachbarten Heizraum aus wurde der Badstubenofen befeuert. Rechts: Wohnturm in Oflings

(1477). Auch die Herren von Ratzenried waren Ministerialen des Klosters St. Gallen, schön ist die Aussicht von ***Burg Ratzenried****. 1453 erwarben die Humpis von Ravensburg die Herrschaft. Unversehrt blieb in* ***Isny*** *im großen Stadtbrand von 1631 die kostbare Bibliothek, die Pfarrer Konrad Bremberger 1482 stiftete. Der Bibliotheksraum, ausgestattet mit Kreuzrippengewölbe, Gewölbemalereien und Büsten der Kirchenväter (um 1460), befindet sich in der Nikolaikirche. Ein Frühwerk von Hans Multscher gilt es in der Pfarrkirche Sankt Remigius und Cyriakus in* ***Rohrdorf*** *zu entdecken, die Statue des heiligen Augustinus (um 1425/30).*

Info

Isny, Prediger-Bibliothek *in der Nikolaikirche: Mi 10.30 Uhr, zugänglich im Rahmen von Führungen, Telefon (07562) 2314.*

Wangen im Allgäu, Badstube, *Städtische Museen in der Eselmühle, Eselmühle 1: 1. April–31. Oktober, Di–Fr und So 14–17 Uhr, Sa 11–17 Uhr, Telefon (07522) 912682.*

Volksfrömmigkeit und Wallfahrt

Von der Wiege bis zur Bahre war der Alltag des mittelalterlichen Menschen vom Glauben durchdrungen, religiöse Feste gaben dem Leben Struktur. Naturkatastrophen, Krankheit und Tod, aber auch der Abgründigkeit menschlicher Bosheit gegenüber fühlte man sich machtlos. Stark war daher die Sehnsucht nach Überwindung des irdischen Jammertals im Jenseits, groß aber auch die Angst vor der Hölle, deren Qualen in allen Farben ausgemalt wurden. Rettung konnte allein Gottes Barmherzigkeit bringen. Hilfe auf dem persönlichen Glaubensweg erhoffte man sich von den Heiligen, den Fürsprechern bei Gott. Ihren Gnadenbildern und Reliquien sprach man im umfassenden Sinne heilende Kraft zu, um sie zu sehen oder gar zu berühren wurden weite Wege in Kauf genommen. Die großen Pilgerfahrten führten nach Rom, Jerusalem (bis zur Eroberung durch die Araber) und Santiago de Compostela, aber auch die heimischen Wallfahrtsorte waren sehr gut besucht.

Lautenbach

Betritt man die Wallfahrtskirche »Maria Krönung« in Lautenbach, ist man sofort gefangen von der erhabenen Schönheit und Vollkommenheit des Raumes aus spätgotischer Zeit. An der Südseite steht die kostbare Gnadenkapelle auf den Fundamenten der ersten Wallfahrtskapelle, reich verziert, als würdiger Ort für das Marienbild. Schiff und Chor trennend, der prächtige Lettner als Ort der Verkündigung und Predigt, für Orgelspiel und Gesang. Von den ursprünglich vier Altären seiner Arkaden sind zwei erhalten, der Pietá-Altar wurde 1483 ein zweites Wallfahrtsziel. Ein Durchlass öffnet den

Wallfahrtskirche Maria Krönung und Pilgerhospiz in Lautenbach

Blick zum großartigen Hochaltar, ein Meisterwerk der Schnitzkunst und Malerei. Im Schrein unter vergoldetem Rankenwerk drei lebensgroße Standbilder in Gold und Silber, Maria mit Kind, begleitet von Johannes dem Täufer und Johannes Evangelist. Die acht Tafelbilder der Flügel in den leuchtenden Farben der Temperamalerei zeigen Szenen aus dem Leben Jesu und Maria. Bis heute konnten seine Meister nicht identifiziert werden. Hinter dem Altar die hohen Fenster mit den wertvollen Glasbildern, entstanden in der berühmten Werkstatt Peter Hemmels von Andlau in Straßburg. Alle Räume der Kirche sind mit einem unregelmäßigen Netzgewölbe überspannt. Die Rippen enden in Schlusssteinen, der schönste zeigt Maria mit Kind im mit Blumen und Blattwerk bemalten Gewölbe über dem Hochaltar.

Die prächtige Ausstattung der Kirche ist Ausdruck der tiefen Marienfrömmigkeit des Spätmittelalters. Bauherren waren die Prämonstratensermönche des nahe gelegenen Klosters Allerheiligen, der Orden förderte Marienwallfahrten besonders engagiert. Als Baumeister gewann man Hans Hertwig, ein Mitglied der Straßburger Bauhütte, die Steinmetzarbeiten verraten den Einfluss Nicolaus Gerhaerts, die Bauzeit umfasste die Jahre 1471 bis 1488. Das Gelände für den Neubau hatten die Herren von Bach und Schauenburg gestiftet. Am Kirchenportal sind neben einer schönen Steinmadonna ihre Wappen zu sehen sowie die Wappen der Straßburger Bischöfe Ruprecht, der 1471 den Grundstein legte, und Albrecht, der die Weihen 1483 und 1488 vornahm.

Um die zahlreichen Pilger beherbergen zu können, wurde an die Kirche ein Hospiz angebaut, das heutige Pfarrhaus. Der gesamte Wallfahrtsbezirk, zu dem auch ein Marienbrunnen gehört, war durch eine Mauer umfriedet. Sicher belegt ist die Wallfahrt zum wundertätigen Marienbild von Lautenbach für das Jahr 1303, schon zu dieser Zeit wurde sie von den Prämonstratensern betreut. Vermutlich ist sie jedoch älter – abgebrochen ist die Tradition bis heute nicht.

Im Umkreis

*Die markante Ruine der **Schauenburg** auf einem Bergvorsprung über dem Dorf Gaisbach ist heute das Wahrzeichen von Oberkirch. Bauherr war Berthold II. von Zähringen, er wollte die wichtige Straße durchs Renchtal und über den Kniebis kontrollieren. Auf dem **Kniebis** stand schon vor 1267 ein Hospiz, das neben Oppenau und Horb als einer der »fürnembsten« Haltepunkte über den Schwarzwald galt (Ruine). Bertholds II. Enkelin Uta, geborene Gräfin von Calw, wurde Alleinerbin der Burg und nannte sich Herzogin von Schauenburg. In ihren letzten Lebensjahren gründete sie im einsamen Lierbachtal das **Kloster Allerheiligen**, das um 1196 von Prämonstratensermönchen aus Oberzell bei Würzburg besiedelt wurde. An die mittelalterliche jüdische Gemeinde in **Offenburg** erinnert heute nur noch die Mikwe, das jüdische Bad.*

Info

Termine der Wallfahrten unter www.lautenbach-renchtal.de oder Telefon (0 78 02) 41 98.

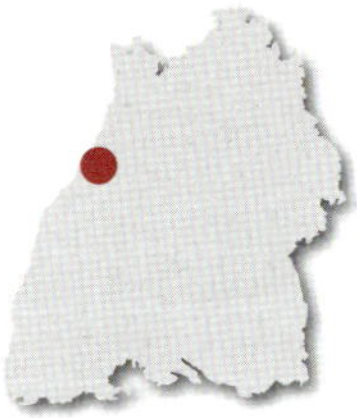

Maria Bickesheim

Noch bis weit ins 20. Jahrhundert hinein stand die Wallfahrtskirche Maria Bickesheim nahezu auf freiem Feld, heute umfängt sie Durmersheimer Wohngebiet. Der Name Bickesheim geht auf längst abgegangene Höfe zurück. Wohl schon in fränkischer Zeit wurde an der Kreuzung der Straßen Baden-Baden–Mainz und Weißenburg–Pforzheim eine erste kleine Holzkirche gebaut, vielleicht eine Eigenkirche. Steinerne Fundamente fand man bei der Kirchenrenovierung 1908, vermutlich die Reste einer romanischen Kapelle.

Um 1260/80 errichteten Rudolf I. von Baden (1243–1288) und seine Gemahlin Kunigunde von Eberstein eine frühgotische Kirche, deren Grundriss sich im Seitenschiff der heutigen Kirche wiederfindet, im Wesentlichen unverändert präsentiert sich der Chor dieser Kirche, der Katharinenchor. Im 15. Jahrhundert wurde die Kirche durch ein neues großes Kirchenschiff und einen spätgotischen Chor erweitert. Die Rundsäulen zwischen Chor und Seitenschiff gehören noch zum älteren Kirchenbau.

Schon im 12. Jahrhundert hatte Bickesheim eine bedeutende Wallfahrt. Pilger rechts und links des Rheins verehrten das Gnadenbild der Mutter Gottes und scheuten keine Mühe, es zu

Fresken im alten Chor der Wallfahrtskirche Maria Bickesheim

Wallfahrtskirche Maria Bickesheim. Rechts: Gnadenbild im Hochaltar, spätes 13. Jahrhundert

besuchen. 1932 fand man unterhalb der Niederterrasse des alten Rheins, auf der Maria Bickesheim liegt, mehrere Einbäume aus dem 12. Jahrhundert. Ein nachhaltiges Erlebnis war sicher die Predigt des wortgewaltigen Bernhard von Clairvaux 1147 vor der Wallfahrtskirche. Förderer der Bickesheimer Wallfahrt waren im Mittelalter vor allem die Markgrafen von Baden, die einige Pfründe stifteten. Besonders der selige Bernhard von Baden (1428–1458) weilte gern in Bickesheim. Doch in den folgenden Jahrhunderten erlebte die Bickesheimer Wallfahrt Rückschläge und mehrere Unterbrechungen. 1926 bezogen die Redemptoristen ein kleines Klostergebäude bei der Kirche und übernahmen die Betreuung der Wallfahrt.

Das Hardtmuseum in Durmersheim widmet sich in einer eigenen Abteilung dem Thema Wallfahrt und Volksfrömmigkeit. Auch der Lebensweg von der Geburt über Heirat, Tod und Totengedenken wird mit Texten und Exponaten dargestellt.

Info

Termine der Wallfahrten im Internet unter www.wallfahrtskirche-maria-bickesheim.de

Durmersheim, Hardtmuseum, *Ritterstraße 16: Februar–Dezember, jeden 1. und 3. Sonntag im Monat, 14–17 Uhr, Telefon (0 72 45) 92 00.*

Events

Eine kleine Auswahl von Festen und Märkten, die ihre Wurzeln im Mittelalter haben oder auf das Mittelalter Bezug nehmen:

Angelbachtal
Ritterturnier
2. Augustwochenende
Telefon (0 62 07) 92 01 64
www.histotainment.net

Bad Buchau
Adelindis Kinder- und Heimatfest
Alle zwei Jahre im Juli
Telefon (0 75 82) 93 36 12
www.badbuchau.de

Bad Wimpfen
Zunftmarkt
August
Telefon (0 70 63) 97 20 22
www.zunftmarkt.de

Bretten
Peter- und Paul-Fest
Ende Juni/Anfang Juli
Telefon (0 72 52) 95 76 20
www.peter-und-paul-fest.de

Ellwangen (Jagst)
Kalter Markt
In der Woche nach Dreikönig
Telefon (0 79 61) 8 43 03
www.ellwangen.de

Horb am Neckar
Maximilian-Ritterspiele
Juni
Telefon (0 74 51) 90 12 24
www.ritterspiele.com

Kanzach
Vielfältiges Programm in den Sommermonaten
Telefon (0 75 82) 93 04 40
www.bachritterburg.de

Markgröningen
Schäferlauf
August
Telefon (0 71 45) 13-0
www.markgröningen.de

Maximilian-Ritterspiele in Horb am Neckar

Maulbronn
Klosterfest
Juni
Telefon (0 70 43) 1 03-0
www.maulbronn.de

Musdorf
Muswiese
Oktober
Telefon (0 79 55) 38 10
www.muswiese.de

Osterburken
Histotainment Park Adventon
(Nachbau einer mittelalterlichen Stadt, vielfältiges Veranstaltungsprogramm)
Telefon (01 72) 7 92 46 02
www.adventon.de

Schwäbisch Hall
Kuchen- und Brunnenfest
Pfingsten
Telefon (07 91) 93 08 80
www.siedershof.de

Stetten ob Lontal
Ritterspiele und Mittelaltermarkt
3. Juniwochenende
Telefon (0 73 25) 47 99
www.wuerttembergerritter.de

Weingarten
Blutritt
Freitag nach Christi Himmelfahrt
Telefon (07 51) 40 51 25
www.weingarten.de

Museen

Archäologisches Landesmuseum Außenstelle Konstanz
Benediktinerplatz 5
78467 Konstanz
Di–So 10–18 Uhr,
1. Januar und 24., 25.,
31. Dezember geschlossen
Telefon (0 75 31) 9 80 40
www.konstanz.alm-bw.de

Archäologische Funde aus dem Mittelalter, insbesondere die Bodensee-Lädine.

Badisches Landesmuseum
Schloss
76131 Karlsruhe
Di–Do 10–17 Uhr,
Fr–So und Feiertage 10–18 Uhr
Telefon (07 21) 9 26-65 14
oder -65 24
www.landesmuseum.de

Sammlung mit Kunstschätzen des Hoch- und Spätmittelalters.

Kurpfälzisches Museum
Hauptstraße 97
69117 Heidelberg
Di–So 10–18 Uhr
Telefon (0 62 21) 5 83 40 20
www.museum-heidelberg.de

Skulpturen und Gemälde des Mittelalters.

Landesmuseum Württemberg
Schillerplatz 6
70173 Stuttgart
Di–So 10–17 Uhr
Telefon (07 11) 2 79 34 98
www.landesmuseum-stuttgart.de

Kunstgegenstände und archäologische Schätze des gesamten Mittelalters.

Reiss-Engelhorn-Museen
Zeughaus C 5
68159 Mannheim
Di–So und Feiertage 11–18 Uhr
Telefon (06 21) 2 93 31 50
www.rem-mannheim.de

Schatzkammer mit wertvollen Exponaten des Mittelalters.

Staatliche Kunsthalle
Hans-Thoma-Straße 2–6
76133 Karlsruhe
Di–Fr 10–17 Uhr,
Sa, So und Feiertage 10–18 Uhr
Telefon (07 21) 9 26-33 59
www.kunsthalle-karlsruhe.de

Malerei und Graphik des späten Mittelalters.

Staatsgalerie Stuttgart
Konrad-Adenauer-Straße 30–32
70173 Stuttgart
Di, Mi, Fr–So und Feiertage
10–18 Uhr, Do 10–21 Uhr,
Karfreitag, 12. und
25. Dezember geschlossen
Telefon (07 11) 4 70 40-0
www.staatsgalerie.de

Abteilung mit altdeutscher Malerei des Spätmittelalters.

Beim Kloster Allerheiligen

Zeittafel

260
Der obergermanisch-rätische Limes fällt, Rhein wird römische Grenze

um 300
Erste alamannische Siedlungen im ehemals römischen Gebiet

381
Das Christentum wird römische Staatsreligion

5. Jh.
Römer geben das Gebiet rechts des Rheins endgültig auf. Höhensiedlungen als alamannische Machtzentren (Runder Berg, Zähringer Burgberg, Geißkopf, Kügeleskopf, Urphar)

433
Alamannen siedeln auch links des Rheins

482–751
Merowinger-Zeit, seit 639 regieren eigentlich die karolingischen Hausmeier

Sakralbauten: vorrangig Holzkirchen, am Ende der Epoche auch aus Stein

496/497
Schlacht bei Zülpich, die Franken siegen über die Alamannen und drängen sie nach Süden

498
Der fränkische König Chlodwig lässt sich römisch-katholisch taufen

506
Endgültige Niederlage der Alamannen, der Ostgotenkönig Theoderich der Große nimmt einen Teil der Alamannen unter seinen Schutz

537
Ende der ostgotischen Schutzherrschaft, damit befinden sich alle Alamannen unter fränkisch-merowingischer Herrschaft, Einsetzung alamannischer Herzöge

537–746
Alamannisches Herzogtum

6./7. Jh.
Ausbreitung des Christentums

600–630
Gründung des Bistums Konstanz, Ausdehnung in etwa wie das alamannische Herzogtum

724
Gründung des Klosters Reichenau durch Pirmin unter dem Schutz von Karl Martell

746
Im »Cannstatter Blutbad« unter dem Hausmeier Karlmann erlischt das alamannische Herzogtum endgültig, der alamannische Adel wird durch fränkische Grafen ersetzt

751–911
Karolingerzeit

Karolingische Basiliken

919–1024
Ottonische Zeit: Heinrich I., Otto I., Otto II., Otto III., Heinrich II.

Frühromanik: Dreischiffige flachgedeckte Säulen- oder Pfeilerbasiliken

1024–1125
Dynastie der Salier: Konrad II., Heinrich III., Heinrich IV., Heinrich V.

Früh- und Hochromanik: Kloster Hirsau (1082–1091) und von ihm ausgehender Baustil

1096–1099
1. Kreuzzug, Eroberung Jerusalems

1098
Der Zähringer Berthold II. verzichtet auf das Herzogtum Schwaben zugunsten der Staufer

1138–1268
Dynastie der Staufer: Konrad III., Friedrich I. Barbarossa, Heinrich VI., Friedrich II., Konrad IV. und Konradin

Übergangsstil Spätromanik – Frühgotik, Hochgotik

1147–1149
2. Kreuzzug

nach 1150
Gründung der ersten Universitäten (Salerno/Medizin, Montpellier, Paris/Theologie, Bologna/Rechtswesen)

1152–1190
Friedrich I. Barbarossa

1189–1192
3. Kreuzzug
(1190 ertrinkt Barbarossa im Saleph)

12./13. Jh.
Hochkonjunktur des Burgenbaus

1204
4. Kreuzzug, Eroberung Konstantinopels

1228–1229
5. Kreuzzug

1268
Mit dem letzten Staufer Konradin erlischt das Herzogtum Schwaben (territoriale Zersplitterung ist die Folge)

1273
Graf Rudolf von Habsburg wird von den Kurfürsten zum König gewählt, Ende des Interregnum nach den Staufern

1300–1500
Stilepoche der Spätgotik oder der deutschen Sondergotik

1386
Pfalzgraf Rudolf I. gründet die Heidelberger Universität

1400
Pfalzgraf Rudolf I. wird nach der Absetzung König Wenzels zum König gewählt

1417
Bernhard I. Markgraf von Baden (1378–1431), kaiserlicher Landvogt, baut Hohenbaden zur Residenz aus

1442
Die Brüder Ludwig I. und Ulrich V. von Württemberg teilen ihre Grafschaft in eine Stuttgarter und eine Uracher Linie

1457
Erzherzog Albrecht VI. gründet die Freiburger Universität

Erster württembergischer Landtag tritt in Leonberg zusammen

1477
Graf Eberhard im Bart von Württemberg gründet die Universität in Tübingen

1482
Wiedervereinigung der Grafschaft Württemberg und Festlegung der Unteilbarkeit

1493–1519
Maximilian I. (1459–1519), 1493 König, 1508 Kaiser – er schafft eine Landfriedensordnung

1495
König Maximilian I. erhebt die Grafschaft Württemberg zum Herzogtum. Graf Eberhard im Bart wird Herzog und steigt in den Reichsfürstenstand auf

1500
Karl V. wird in Gent geboren, er wird 1519 zum Kaiser gekrönt werden und Herrscher eines Weltreichs sein

Ortsegister

50 Zeitreisen ins Mittelalter

● Mittelalterliche Stätten